KNAUR⭐

BJÖRN KERN

WO DIE WILDEN VÄTER WOHNEN

EINE STADTFAMILIE WAGT SICH AUFS LAND

Besuchen Sie uns im Internet:
www.knaur.de

Aus Verantwortung für die Umwelt hat sich die Verlagsgruppe
Droemer Knaur zu einer nachhaltigen Buchproduktion verpflichtet.
Der bewusste Umgang mit unseren Ressourcen, der Schutz unseres Klimas
und der Natur gehören zu unseren obersten Unternehmenszielen.
Gemeinsam mit unseren Partnern und Lieferanten setzen wir uns für eine
klimaneutrale Buchproduktion ein, die den Erwerb von Klimazertifikaten zur
Kompensation des CO_2-Ausstoßes einschließt.
Weitere Informationen finden Sie unter: www.klimaneutralerverlag.de

Originalausgabe September 2021
Knaur Taschenbuch
© 2021 Björn Kern
© 2021 Knaur Verlag
Ein Imprint der Verlagsgruppe
Droemer Knaur GmbH & Co. KG, München
Alle Rechte vorbehalten. Das Werk darf – auch teilweise – nur mit
Genehmigung des Verlags wiedergegeben werden.
Covergestaltung: Ruth Botzenhardt | buxdesign
Illustrationen: Ruth Botzenhardt
Satz: Adobe InDesign im Verlag
Druck und Bindung: CPI books GmbH, Leck
ISBN 978-3-426-79131-8

2 4 5 3 1

Der Dorfwirtin gewidmet.

»Wir ham hier Platz jenuch.
Sogar für so krumme Eulen wie dich!«

(Mein märkischer Nachbar)

INHALT

ANGELN FÜR STÄDTER

Sophie hat einen Fisch gefangen. Seither ist sie am Boden zerstört. Vielleicht hätte ich sie über das Zusammenwirken von Angelhaken, Schnur und Fischmaul genauer aufklären sollen. Aber das ist ja das Problem mit der Aufklärung. Sie kommt immer zu spät. Ich erwäge ernsthaft, einen Kindertherapeuten aufzusuchen, falls ihr Zustand weiter anhält. Ihr Zustand? Völlige Teilnahmslosigkeit. Gesenkte Schultern. Tränen bei jedem Anlass. Frage ich beispielsweise: »Soll ich dir Pfannkuchen braten?«, lautet die Antwort: »Papa, du bist gemein!« Dann wieder Tränen.

Ich habe gelesen, dass das typisch ist für eine posttraumatische Belastungsstörung. Anlässe, die mit dem Trauma nicht das Geringste zu tun haben, werden auf verschlungenen Wegen mit ihm in Verbindung gebracht.

Erst nach vorsichtigem Herantasten erfahre ich: Die gebratenen Pfannkuchen erinnern Sophie an den gebratenen Fisch! Ich denke, ich werde Gespräche, die ums Essen kreisen, ganz einstellen oder mit einem Codewort versehen müssen. »Willst du Paradies zum Abendessen, Liebes? Soll ich dir das Paradies schneiden?«

Ich gestehe, dass ich mir Vorwürfe mache. Auch aus ethischer Sicht. Immerhin geht es hier nicht um einen Teddy, sondern um ein Tier. Andererseits gibt es einiges, was ich zu

meiner Verteidigung vorbringen kann. Sophie angelte nämlich mehrere Tage lang lediglich mit einer plastinierten
Büroklammer, die an die Kordel ihres Sommerkleides geknotet war. Man muss kein Angler sein, um die Fangaus-
sicht eines derartigen Vorhabens auf null zu schätzen. Jeden
Tag nach dem Mittagessen sagte sie: »Papa, ich gehe dann
angeln!« Und ich sagte: »Natürlich, Süße. Viel Glück!« Das
war zu unserem kleinen Ritual geworden. Niemand hatte
die Absicht, einen Fisch zu fangen!

Zwei volle Sommerwochen ging das gut. Kein Haken, kein
Fisch. So einfach, sollte man meinen. An dieser Stelle kommt
nun Sophies Landfreundin ins Spiel. Annelie ist nur zwei
Jahre älter als Sophie, aber im Gegensatz zu uns im Dorf fest
verwurzelt. Mein märkischer Nachbar ist ihr Großvater.
Was ich nur lautstark behaupte (dass wir nächstes Jahr dann
aber wirklich Himbeeren-autark sind!), lebt Annelie mit
größter Selbstverständlichkeit vor. (Und bringt schon mal
breit grinsend einen Eimer Himbeeren vorbei.)

Hinter meinem Rücken – und, ganz wichtig: ohne meinen Segen – schien sich nun mit Annelies Hilfe eine Art Ha-
kenwechsel vollzogen zu haben. Die Kleiderkordel war zur
Nylonschnur geworden, die Büroklammer zum Friedfisch-
haken. Noch einmal ganz deutlich, an alle Freunde weid-
gerechter Tötung gerichtet: Davon hatte ich nicht das Geringste mitbekommen! Ich lag nämlich derweil im Hof im
ungemähten Gras und analysierte die Vorteile meines neu-
en Daseins als Landvater. Der größte Vorteil in diesem Moment: Sophie war nicht da!

So etwas gesteht man sich ja normalerweise nur nach

Mitternacht ein, wenn der Mond aufgeht und der Pegel in der Bierflasche sinkt. Aber es war die pure Erholung. Die totale Entspannung. Eine nervliche Befreiung wie nach einer Ganzkörpermassage. Nichts zupfte an mir! Nichts rief nach mir! Nichts und niemand wollte etwas von mir! Ich durfte, was ich zum letzten Mal vor Sophies Geburt gedurft hatte: einfach nur sein. Die Schmetterlinge tanzten im Hof umher. Der Flieder duftete. Und ich tat nichts.

Auf einmal aber ein Schrei. Heftiges Rütteln am Hoftor. Mein kinderloses Dasein hatte etwa dreizehn Minuten gedauert. Völlig aufgelöst stand nicht Sophie, sondern Annelie vor mir. Braune Haare, sommerlich gebräunte Haut. Nervös zappelnde, dünne Mädchenarme. Annelie stieß einige unverständliche Wortfetzen hervor und zog an meiner Hand. Mein Puls beschleunigte sich. Was war passiert? Lag Sophie im Graben? Kämpfte sie gegen die Strömung? Trieb sie bereits ab? Ich rannte über die Landstraße, an der alten Bettfedernfabrik vorbei, unter der Bahnlinie durch. Sophie stand an der Angelstelle und weinte. Zu ihren Füßen zappelte etwas von beachtlicher Größe.

»Oh Gott!«, rief ich. »Was ist denn das?«

»Eine Rotfeder«, sagte Annelie.

»Und was machen wir jetzt damit?«

»Also, mein Bruder macht immer so«, sagte Annelie und vollführte eine fürchterlich rohe Handbewegung über der Bordsteinkante.

Ich war entsetzt. Der Fisch war kaum zu greifen, so zappelte er. Konnte man ihn nicht einfach wieder schwimmen lassen? Ich meinte, so etwas schon einmal gehört zu haben, und machte mich daran, den Haken aus dem klappenden

Maul zu entfernen. Unmöglich. Die Konsistenz der Unterlippe werde ich noch auf meinem Sterbebett aufrufen können. So knorpelig zäh und gleichzeitig so weich, dass in keinem Fall ein Angelhaken hineingehörte.

Ich merkte, dass ich als Landvater soeben versagte. Mein Auftritt war lächerlich. Das Tier tat mir leid. Also packte ich allen Mut und auch den Fisch, schloss die Augen und knallte den Kopf des Tieres mit voller Wucht gegen die Bordsteinkante. Dreifaches Schreien. Sophie schrie. Annelie schrie. Und ich schrie offenbar auch. Der Fisch immerhin war tot. Sein Maul klappte nicht mehr auf und zu, seine Schwanzflosse wedelte nicht mehr in der Luft. Nur ein paar letzte Zuckungen vollführte er noch.

Er hat nicht lange gelitten, beruhigte ich mich. Ich setzte zu einer kleinen Ansprache an, die um die Themen Tierethik, fachgerechte Tötung und den Unterschied zwischen toter und belebter Materie kreisen sollte als ich feststellte, dass Sophie einen Weinkrampf erlitt. Einen der stillen Sorte. Der verzweifelten. Einen der Sorte, der meine pädagogischen Anwandlungen sofort untergrub. Ich erklärte behutsam, dass der Tod zum Leben dazugehöre. Doch das machte alles noch schlimmer.

Die Tränen liefen und liefen.

Ich klemmte mir den Fisch unter den linken Arm und meine Tochter unter den rechten, selbst die forsche Annelie ging ziemlich geknickt nach Hause. Als wir den Hof erreichten, stellte ich Sophie wieder auf ihre eigenen Füße.

»Wollen wir den Fisch nicht einfach in unseren Teich setzen?«, fragte sie.

»Ähm? Sophie?«

»Dann kann er doch wieder schwimmen!«

»Süße. Er ist tot.«

»Dann mach ihn sofort wieder lebendig!«

Als angehender Landvater glaube ich ja an Geschichten. Daran, dass mein Kind besser zurechtkommt, wenn ich den kleinen und großen Absonderlichkeiten des Lebens einen nacherzählbaren Plot verpasse, mit Anfang und Ende. Es war also klar, dass das Kapitel »Fang des ersten (und allem Anschein nach auch letzten) Fisches ihres jungen Lebens« keineswegs mit einer nutzlosen Tierleiche enden durfte. Da fehlte noch was.

Wenn es um den Kreislauf des Lebens geht, bin ich als angehender Landvater recht resolut. Es fällt mir schwer, Reste von Tieren in den Hausmüll zu geben. Knochen, Gräten, Knorpel: So etwas will ich mir nicht in der Müllverbrennungsanlage vorstellen. Es stand also fest: Der Fisch war dem großen Kreislauf wiederzugeben! Seinem Tod war ein tieferer Sinn zu verleihen! Ich musste aus dem Trauma eine Geschichte machen, mit Anfang und Ende. Was würde sich mehr anbieten, dachte ich, als zu diesem Zwecke ein wenig Öl in die Pfanne zu träufeln und die Rotfeder wieder in die Nahrungskette einzugliedern? Doch weit gefehlt. Was der Fisch in der Pfanne vollführte, machte Sophies Trauma erst perfekt.

Zunächst stand freilich das Ausnehmen bevor. Ich meinte mich zu erinnern, dass man an einer bestimmten Stelle auf jeden Fall, an einer anderen Stelle hingegen auf keinen Fall in den Fisch stechen sollte. Alles in allem eine unzureichende Arbeitsgrundlage. Was tun? Ich schielte zu Sophie, der meine neue Ratlosigkeit nicht verborgen blieb. Derlei Situationen häuften sich, seit ich zum Landvater wurde. Das natürliche Hierarchiegefälle zwischen Vater und Tochter war in seinen Grundfesten zerstört. Ständig sah sie mich fragend an, und ich zuckte mit den Schultern.

In der Stadt war es übersichtlicher gewesen. Geordneter. Hier die Autos, da die Dealer. Mit beiden bitte nicht in Kontakt treten. Doch hier draußen? Sophie durfte alles, und ich konnte nichts. Wie hatte ich nur in diese Lage geraten können? Warum waren wir nicht in Berlin geblieben?

Ich weiß nicht, ob es an der Stadt lag oder an mir, aber in letzter Zeit hatte etwas nicht mehr gestimmt in Berlin. Wo ich eben noch die ganze Nacht ausgegangen war und Fahrten in überfüllten U-Bahnen als höchst inspirierend empfunden hatte, räumte ich auf einmal Spritzen vom Spielplatz. Für die spätnächtlichen Treffen vor dem Spätkauf war ich, seit Sophie auf der Welt war, nur noch eines: zu müde. Und waren schon immer so viele Stoßstangen auf Kinderkopfhöhe herumgefahren?

Wenn Sophie in Berlin etwas erleben wollte, musste ich sie erst einmal irgendwo hinbringen. Dann fand das Erlebnis unter einem Dach statt (Schwimmbad, Boulderhalle). Kindheit, hatte ich im letzten Jahr immer öfter gedacht: War das nicht ein viel großzügigeres Konzept? Eines, das dem Leben in der Stadt mit all seinen Regeln diametral entgegenstand? So eine Kindheit, das war doch etwas mit Wald und Wiese gewesen? Mit Wegbleiben, solange man will? Mit freihändigem Fahrradfahren auf der Dorfstraße? Mit Verabredungen von Tür zu Tür? Mit selbstständigen Erkundungen von Waldrändern und Bachufern?

Nichts davon war in Berlin möglich gewesen. Sah Sophie einen Busch, erleichterte sich darunter ein Chihuahua. Fand sie eine Wiese, steckte ein Fakirteppich aus Kronkorken darin. Und allein auf die Straße würde sie vor ihrem vierzehnten Lebensjahr keinesfalls dürfen. (Und nach dem vierzehnten erst recht nicht mehr!) Um Missverständnissen vorzubeugen: Keinesfalls will ich an dieser Stelle die großartige Stadt Berlin schlechtmachen! Ich fürchtete nur: Sie ist für Erwachsene gemacht.

Der Familienrat tagte. Wir studierten die Immobilienanzeigen. Fanden die Reste einer Hofstelle im Osten des schönen Landes Brandenburg. Es war nicht mehr viel übrig von diesem Hof, aber als Wohnraum war er gerade noch zu erkennen. Nach zehn durchaus glücklichen Jahren in Berlin packten wir die Koffer und begannen ein neues Leben. Ein Leben ohne Handy und ohne Auto und ohne U-Bahn, ein Leben in Entschleunigung und Muße, voller Widerstandskraft in einer Zeit der Trockensommer und Waldbrände, der Plastiknahrung und Pandemien.

Dachte ich zumindest …

In den Sommerferien zogen wir um. Nur wenig später stellte sich heraus: Ein Landvater hatte es auch nicht leichter. Vor allem zwei Dinge machen ihm das Leben schwer. Punkt eins: Er ist Vater. Punkt zwei: Er lebt auf dem Land. Ohne Plastikverpackungen konnte man hier draußen ebenso wenig satt werden. Überraschend viel Zeit verbrachte man an Bushaltestellen. Ohne Handy war man nicht überlebensfähig. Und der Kleinfamilienwahnsinn war hier draußen auch nicht leichter zu organisieren als in der Stadt. Nicht, wenn man keine Großeltern in der Nähe hatte. Nicht mit zwei Jobs. Nicht ohne Nanny. Nicht ohne Gärtnerin. Nicht ohne Koch.

Am schwierigsten aber gestaltete sich der Kontakt mit der heimischen Bevölkerung. Mit Landvätern, die wirkten, als stammten sie aus einer anderen Zeit, aus einem vergessenen Land. Von ihnen lernte ich, wie verkümmert mein Leben bislang verlaufen war. Doch ich wollte es besser machen! Ich wollte werden wie sie! Ich wollte ebenfalls Landvater werden! Tapfer nahm ich die Herausforderung an.

»Was machen wir denn jetzt mit dem armen Fisch?«, fragte Sophie.

Das Tier lag noch immer vor mir auf der Spüle. Und ich stand hilflos daneben. Das durfte so nicht weitergehen, wenn ich mir einen Rest Respekt bewahren wollte. Ich schlich ins Bad und zückte heimlich mein Handy. Gut, dass ich es doch noch nicht entsorgt hatte. Für die Anglervideos, die ich zu sehen bekam, stellte es sich als hilfreich heraus, dass ich mich in der Nähe einer Toilettenschüssel befand. Was war denn das für ein Gemetzel, das man dort betrieb? Und was war das, was da aus den Bäuchen der Fische quoll? Diese Angler waren doch alles Sadisten! Hatten sie Richtmikrofone auf die Fischkörper angesetzt? Messer kratzten über Schuppen, Bauchfleisch ploppte auf. Gurgelnd ergossen sich die Gedärme.

Dann fand ich den Beitrag »Fischausnehmen für Städter«. Na, bitte. Schön, dass das Internet wirklich an alles dachte.

Also: Messer hinter der Bauchflosse ansetzen, dann wegschauen und denken, man würde eine Melone aufschneiden. Hände unter heißes (oder eiskaltes Wasser) halten und mit den so betäubten Fingern die Gedärme herausnehmen. Gallenblase nicht zerstechen! Ich fasste neuen Mut.

Sophie stand in der Küche und versuchte weiter, den Fisch zum Leben zu erwecken, doch er zuckte nicht einmal mehr.

»Ich werde jetzt mal kurz den Fisch ausnehmen«, sagte ich.

»Kannst du das denn?«

»Kein Problem!«

Ich packte den Fisch, der nur eines wollte: mir aus den Händen gleiten. Mit aller Kraft rang ich ihn auf der Arbeitsplatte nieder. Ich schloss die Augen. Dachte mit aller Kraft an Melonen. Dann stach ich zu.

Was soll ich sagen. Ich habe mein Lebtag nichts Schlimmeres getan. Ich hätte ebenso gut unseren märkischen Nachbarn oder seine Enkelin Annelie erstechen können. Die Haut war zäh, und der Schnitt zum Fisch-After hatte nichts, aber auch nichts mit dem Schnitt durch eine Melone gemein. Immerhin: Sophie sah aufmerksam zu. Legte sich nicht bereits etwas wie Achtung in ihren Blick?

Ich kochte Wasser auf und goss es mir über die Hände. Der Schmerz tat gut. Als ich nach den Gedärmen griff, spürte ich tatsächlich nichts. Dieser Tipp immerhin war hilfreich. Als die Innereien endlich vom Fischleib getrennt waren, musste ich mich erst einmal setzen und einen kleinen Mirabellenschnaps trinken. Wirklich nur ein kleines Landschnäpschen. Ein Schockschnäpschen. (Hatte ich in

der Stadt nie gebraucht. War hier draußen essenziell geworden. Bei so viel roher Kreatürlichkeit.)

Die Pfanne erweckte den Fisch zu neuem Leben. Erst war es
nur die Schwanzspitze, die sich ein wenig hob. Natürlich,
beruhigte ich mich, die Hitze. Schlug nicht auch ein Pfannkuchen mal eine Blase? Na bitte, die Schwanzflosse legte
sich wieder. Das Öl brutzelte. Der Fisch dünstete einen gar
nicht mal so üblen Geruch aus. Wir befanden uns mitten in
der Transformation vom Tier zur Nahrung. Das war es doch
in etwa, was ich Sophie beibringen wollte, nachdem sie
Fisch bislang nur als Stäbchen kennengelernt hatte.

Dann ein neuer Schock. Ein winziges Heben des Fisch-
kopfes. Ein, zwei Schrecksekunden tat sich nichts. Der Kopf
verharrte in der Luft. Sophie hielt die Hand vor den Mund,
die Augen aufgerissen. Sogar das Weinen hatte sie vergessen. Und dann sprang der Fisch mit einer letzten, heftigen
Konvulsion aus der Pfanne und schlug auf dem gekachelten
Boden auf.

»Er lebt!«, rief Sophie. »Ich hab doch gesagt, dass er noch
lebt! Und du hast ihn in der Pfanne umgebracht!«

Bis zum nächsten Morgen sprach sie kein Wort mehr mit
mir.

FLUG ÜBER DEN BAGGERSEE

Nach dem ersten Schultag machte Sophie es spannend. »Sag schon, wie war's?«, beharrte ich, doch sie sagte nur ein ums andere Mal: »Toll.« Mehr war aus ihr nicht herauszubekommen. Ihr weitaus größeres Interesse galt dem nächstgelegenen Badesee. Also radelten wir los. Nach sieben Minuten kamen wir an. Das war ja das Schöne an unserem neuen Leben: See, Wald, Feld – alles da. Alles in der Nähe. S-Bahn? Auto? Wozu? Noch bevor wir das Ufer erreicht hatten, schallte eine helle Kinderstimme über die Liegewiese: »Guckt mal, Sophie kommt auch!« Ich war perplex. Sophie würde doch nicht etwa an ihrem ersten Schultag eine Freundin gefunden haben?

Schule, das kannte ich so: Man ging maulfaul und muffelig hin, das Wetter auf dem Schulweg war immerzu unwirtlich und nass. Dann setzte man sich in die letzte Reihe und wartete einige Stunden auf den Schulschluss. Derweil wurde man gehänselt (Brille, Frisur, Klamotten). Dann folgte wieder Regen, diesmal auf dem Heimweg. Das Ganze wiederholte sich noch viermal, dann war wenigstens Wochenende.

Doch nun, bei Sophie? Eine Freundin? Aus Fleisch und Blut? Am ersten, sonnigen Schultag? Wie hatte Sophie das hinbekommen? Unter immensem Staunen sah ich zu, wie sich die beiden Mädchen um den Hals fielen und zum Wasser marschierten.

Ich legte mich in den Ufersand, schlug ein Buch auf und genoss, nicht gebraucht zu werden. Wann immer ich heimlich über den Buchrand linste, um zu überprüfen, ob Sophie zwischenzeitlich gemobbt oder unter Wasser getunkt wurde, hatte sich ein neues Mädchen hinzugesellt. Es waren bald schon fünf kleine Wassernixen, die prustend und jauchzend durchs Wasser pflügten. Es stellte sich heraus, dass diese Form der Verabredung hier draußen üblich war. Man brauchte keine Telefonnummer. Man brauchte im Grunde auch keine Verabredung. Man fuhr einfach an den See. Da waren dann alle wieder, die gerade noch in der Schule gewesen waren.

Wie anders so eine Verabredung in Berlin ausgesehen hatte! Eine Berliner Verabredung begann nicht selten ein, zwei Wochen vor dem eigentlichen Termin. (Im Falle eines Geburtstags, dem jährlich pompöser werdenden Ego-Booster eines Berliner Kindes, war man sogar vor einem »Save-the-Date« nicht gefeit, zwei bis drei Monate im Voraus verschickt.) Nach der Erstanfrage wurde eine WhatsApp-Gruppe gegründet, um alle Beteiligten auf den aktuellen Stand der Verabredung zu bringen. Nur bei besonders spontanen Elternteilen kam es vor, dass man am Montag eine Einladung bereits für den kommenden Freitag erhielt. (Diese wurde dann in der Regel in letzter Sekunde abgesagt, weil »der Henry« ja freitags immer noch Flöte hat, nach dem Sport.)

Näherte sich ein ausgemachter Termin hingegen tatsächlich (ohne abgesagt zu werden), schnellte die Nachrichtenfrequenz nochmals in die Höhe. Dienstagmittag lautete der Ort der Verabredung noch: »vorm Schwimmbad«, Dienstagabend schon: »im Café«. (»Laut Regenradar soll es ab achtzehn Uhr regnen!«) Dann plötzliche Neuplanung: »Wäre es okay, wenn du eine Stunde auf Linn und Matze allein aufpasst, ich muss noch mit Feli zu den Zitronenzwergen.«

Ab Mittwoch (zwei Tage vor der Verabredung) dann mediales Dauerfeuer: Zu- und Absagen, Absagen der Absagen, Umleitungen des Treffpunkts, um auf dem Weg zur Boulderhalle noch beim Bäcker (Pausenbrot) oder an der Bibliothek vorbeizukommen (Leihfrist überzogen). Donnerstagmorgen kratzte Jonas dann leider der junge Hals, und die Verabredung wurde endgültig abgesagt. (»Hey, sorry, ist echt doof jetzt, ich meld mich einfach noch mal.«)

Hatte man hingegen sämtliche Präliminarien überstanden und saß tatsächlich zur verabredeten Zeit am verabredeten Ort, drohte noch die Verspätung. Die Verspätung ging mit einem letzten Aufbäumen des Nachrichtenschreibers einher. »Wird ne halbe Stunde später, die S-Bahn!« Halbe Stunde später: »Sorry, du, ich noch mal, die S-Bahn hab ich gekriegt, aber jetzt ist der Miri der Riemen an der Sandale gerissen. Kommen in zwanzig Minuten.« Zwanzig Minuten später: »Bin gleich da, muss aber früher los!«

Zwischen verspäteter Ankunft und verfrühtem Aufbruch blieben dann noch einige zerfaserte Minuten. In diesen war zu beobachten, wie sich ein abgehetztes männliches Wrack in emanzipatorischen Dingen um Kopf und Kragen redete. (»Aber hey, ich find's trotzdem voll super, dass Tine den Auftrag angenommen hat. Ich will ja auch, dass sie vorankommt, beruflich!«) Dann heulte der Kleine. Dann schlossen die Geschäfte. Dann wartete die Kindsmutter. Um gemeinsam während dieser gehetzten Verabredungen einen Kaffee oder gar ein Bier zu trinken, blieb meist keine Zeit.

Unglaublich: All das hatte an einem kleinen, diskret hinter Weiden gelegenen Brandenburger See sein Ende gefunden. Um ein quietschlebendiges Treffen von Sophie mit mittlerweile acht Freundinnen zu organisieren (die nun eine Art Kinderpolonaise durch das seichte Uferwasser vollführten), hatte es keiner einzigen Nachricht bedurft. Null. Schließlich kannte ich auch noch gar keine Telefonnummern. Vergnügt vertiefte ich mich in mein Buch. Das hatte Potenzial, hier draußen.

Überraschenderweise konnte ich dem Buch sogar folgen. Das war neu. Auf den Berliner Spielplätzen hatte ich ein Buch nur als Alibi aufgeschlagen, um von den anwesenden Müttern in Ruhe gelassen zu werden (hätte ich Blickkontakt aufgenommen, hätte ich mir sofort einen Erziehungstipp eingefangen!). Beim Lesen hatte ich mich auf keine Zeile konzentrieren können, da alle zwei Sekunden Sophie an mir zupfte. (»Kannst du mal die Spritze wegräumen?«, »Kommst du mit auf das Spinnengerüst?«, »Ist das ein Dealer?«) Doch hier draußen, am See, hatte mich Sophie offenbar vergessen. Ich las noch eine Seite. Verblüffend, wie viele Seiten sich hintereinander lesen ließen! Ging ich in Berlin auf den Spielplatz, war die Seite, die ich aufschlug, und die Seite, die ich zuschlug, in der Regel dieselbe.

Auf einmal durchdringendes Kindergeschrei. Gefolgt von einem harten, wässrigen Platschen. Ich sah auf. Da! Eines der Kinder sauste in hohem Bogen durch die Luft! Wenig später landete es mit einer Fontäne im See. Und wieder. Mit der schwerelosen Leichtigkeit eines Wasserballs flog das nächste Kind über den See. Sophie sah dem Spektakel ebenso verblüfft zu wie ich. Erst jetzt begriff ich: Im Wasser hatten sich einige Landväter eingefunden, die stoisch und schweigsam ein Kind nach dem anderen aus dem Wasser fischten, in die Höhe hoben und dann in weitem Bogen über den See warfen. Ich hatte gar nicht gewusst, dass Kinder so gut fliegen konnten.

Natürlich hatte ein Landvater nicht nur ein einziges Kind, wie es mir aus Berlin geläufig war, sondern mindestens vier. Die Väter sprachen nicht mit ihren Kindern. Sie hatten etwas von Maschinen. Wieder flogen zwei zu kompakten Körpern gekrümmte Kinder über den ganzen See. Ich muss nicht hinzufügen, dass die Gesichter der Väter bei dieser mir neuen Sportart keinerlei Regung zeigten. Es sah eher aus, als verrichteten sie eine unliebsame, aber nicht zu vermeidende Arbeit. Interessant, hochinteressant, das alles.

Die Mütter saßen derweil im Schatten einiger Haselnusssträucher und richteten Picknicks. Das kannte ich nur von türkischen Großfamilien: die Männer am Grill, die Frauen beim Picknick. Es würde amüsant werden, Anka am Abend, wenn sie aus dem Büro kam, von dieser Arbeitsteilung zu berichten! Die Mütter am See waren so jung, dass sie eher wie Töchter aussahen, nicht wie Mütter. Keine von ihnen ging schwimmen. Keine von ihnen trug auch nur Badesachen. Sie trugen eher so – betont irgendwas. Kurze Sporthose und lockeres T-Shirt, zum Beispiel. Leggins unter halblanger Jeans. Sympathisch uneitel, keine Frage. Aber wo waren denn die ganzen hübschen Sommerkleidchen geblieben?

Es war zu befürchten, dass die Mütter mich siezten. Bei zwanzig Jahren Altersunterschied ergab das einen gewissen Sinn. In Berlin dagegen wurde gnadenlos weggeduzt, was einem über den Weg lief. Einen sechzigjährigen Erstvater mit Turnschuhen auf dem Spielplatz zu siezen, hätte eine schwere Beleidigung dargestellt.

Die Landmütter waren aber nicht nur jung, sondern auch tiefenentspannt, die Gesichter locker und braun gebrannt. Sie lächelten sogar ihre Kinder an! Wenn man hinsah, musste man einfach mitlächeln. Das stellte mich vor ein neues Rätsel. Gab es hier keinen Stress? Kein »Lukas, ich hab doch gesagt, du sollst die Kekse nicht auf der Matte!«. Kein »Es geht sofort nach Hause, wenn du der Miri noch mal Sand ins Gesicht!«. Stattdessen nur ein befreites Treiben, unterbrochen von Witzen und Gelächter? Hier noch ein Kuchen, dort noch eine Packung Würstchen, dazu ein bisschen Kaffee. Ach, und zuckrige Limonade war auf einmal okay?

Ich kam mir vor wie ein Ethnologe, der allein in einen fremden Stamm geraten war. Innerlich vermerkte ich alle neuen Rätsel, um am Abend Anka davon zu berichten. Das größte Rätsel lautete im Moment: Warum waren Väter und Mütter gemeinsam am See? Das ergab nicht den geringsten Sinn! Eltern hatten niemals Zeit, etwas gemeinsam zu tun. Das hatte ich in der Stadt gelernt. In Berlin war es ganz und gar ausgeschlossen, beide Elternteile zugleich anzutreffen. Im Normalfall lebten diese Elternteile das Wechselmodell, bei dem das Kind eine Woche einen Vater hatte und eine Woche eine Mutter. Die wenigen Paare, die sich nicht trennten (obwohl sie in Berlin lebten), hasteten so erschöpft durchs Leben, dass ebenfalls keine Zeit füreinander blieb.

Saß der Vater mit Kind auf dem Spielplatz, raste die Mutter zur »Bio Company«. Ging die Mutter mit dem Kind schwimmen, besorgte der Vater Erdnüsse für den Schulausflug (oder eine Kopie der Geburtsurkunde für den Reisepass). Abends, wenn das geheiligte Kind schlummerte, wurde durch bissig zusammengepresste Zähne abgeglichen, ob der andere auch alle Tagesaufgaben erfüllt hatte. (»Wie, du hast kein Klopapier gekauft?«) Es gab im Grunde einen einzigen Moment, an dem sich in Berlin eine Familie gemeinsam sah: morgens, wenn der Wecker klingelte. Allerdings war zu diesem Zeitpunkt erfahrungsgemäß niemand im Vollbesitz seiner geistigen Kräfte.

Wie anders sich die Landfamilien verhielten! Nie hatten sie Eile! Nie waren sie im Stress. Stets traf man die volle Sippschaft gemeinsam an. Ging eine Landfamilie beispielsweise Sahnejoghurt kaufen, trafen sich Mutter, Vater, Kind, Geschwisterkind, kleines Geschwisterkind und nicht selten auch die Großmutter oder ein Neffe, um zu diskutieren, ob sie den Joghurt mit Kirschen von »Milbona« oder den mit Erdbeeren von »Yogosan« kaufen sollten.

Ging es ans Zahlen, füllte eine Landfamilie den gesamten Kassenbereich auf. Da die Großmutter die Quengelware abschirmte, der Vater die Einkäufe aufs Band legte, das älteste Geschwisterkind einpackte und die Mutter zahlte, gelang ihnen ein Wunder: Sie kamen nicht einmal an der Kasse in Stress! Ob das auch mit einer Kleinfamilie möglich war? Vielleicht hatten sie Tipps für mich? Ich nahm mir vor nachzufragen, sobald ich die ersten originalen Exemplare persönlich kennengelernt hatte.

Das Gebot der totalen Familienanwesenheit führte auch nun, am See, zur totalen Abwesenheit von Stress. So stoisch die Väter ihre Kinder über den See warfen, so stoisch bereiteten die Mütter das Picknick vor.

Als Nächstes fiel mir das Fehlen von Hackordnung und Konkurrenzgehabe auf. Weder warf einer der Väter besonders weit, noch hatte eine der Mütter eine besonders große Melone gekauft. Es war ein friedliches Ableisten anstehender Arbeiten. Beinahe möchte ich sagen: Zwangsläufigkeit, gepaart mit Glückseligkeit. Hatten hier alle buddhistische Seminare besucht? Waren hier alle mit sich im Reinen? Ich nahm an, dass hinter einer derart vollkommenen Gelassenheit etwas Sexuelles stecken musste. Was taten sie hier draußen, was die Berliner nicht taten? Ich nahm mir vor, es herauszufinden.

In einem fragwürdigen Bereich meines Charakters spürte ich, dass mir etwas an der altertümlichen Rollenaufteilung der Geschlechter gefiel. Sport und Picknick. Brot und Spiele. Mann und Frau. Vielleicht war es aber auch nur die Ruhe, die diese Rollenaufteilung mit sich brachte, die mir gefiel. Wenn jedes Geschlecht einen genauen Aufgabenbereich zugeteilt bekommen hatte, kam offenbar niemand in Stress. Passte nicht ganz in mein Weltbild. Aber ein Ethnologe wertete ja nicht. Er beobachtete nur!

In Berlin hingegen tat jede und jeder alles – und hatte folglich auch niemals Zeit. Alle wickelten und arbeiteten und schmierten Brote und wuschen Schlüppis und holten ab und übten das Einmaleins und hatten einen Geschäftstermin in einer »mit dem Sprinter in nur vier Stunden« zu erreichenden Stadt – und das natürlich alles gleichzeitig.

Mir kam ein erschreckender Gedanke: Vielleicht waren wir Berliner Eltern gar nicht so viel älter. Vielleicht sahen wir nur so viel älter aus?

Ich nahm mir vor, Anka zum nächsten Besuch am See mitzunehmen, falls sie mal einen Nachmittag lang nicht ins Büro musste. Ich würde Sophie durch die Luft werfen, Anka würde die Sandwiches richten. Schon der Gedanke hatte etwas angenehm Frivoles! Doch das Vorhaben würde nicht nur an Anka scheitern. Aus Gründen des Selbstschutzes habe ich nämlich bislang etwas verschwiegen. Nicht nur die Landmütter sahen ganz anders aus als die Berliner Mütter. Auch die Landväter sahen ganz anders aus als ich. Auf ihren Oberarmen wuchs etwas mir gänzlich Unbekanntes, das selbst ältere Kinder mühelos durch die Luft segeln ließ: Muskeln.

»Papa, ich will auch!«

Sophie hatte sich unbemerkt an mich herangeschlichen. Sie war das einzige Mädchen, das am Ufer zurückgeblieben war. Alle anderen flogen gerade über den See oder kraulten zu ihren Vätern zurück. Ich besah meine dürren Arme. Sie hatten mir im Leben hauptsächlich dazu gedient, den Abstand zwischen Schulter und Tastatur zu überbrücken.

»Wollen wir nicht langsam nach Hause?«, fragte ich.

»Wir sind doch grade erst angekommen!«

»Ich kann dir Milchreis machen.«

»Der brennt dir doch nur wieder an.«

»Mit Zimt und Zucker?«

»Papa. Ich will keinen Milchreis. Ich will fliegen. Wie die anderen auch!«

Es war, wie es immer war: Ohne mich war Sophie glücklich und integriert. Und kam ich ins Spiel, wurde es kompliziert. Mein Vermögen zur sozialen Integration wurde von Anka als ausbaufähig bezeichnet. Das musste sich ändern!

Ich nahm Sophie an die Hand und ging einige Schritte mit ihr ins Wasser. Die Landmütter hatten ihre Picknickvorbereitungen just in diesem Moment beendet und sahen in meine Richtung. Auch sonst fanden mich auf einmal jede Menge Menschen interessant. Die Kleinkinder im Ufersand. Die Paare auf der Liegewiese. Sophie turnte bereits vor meinem Bauch herum. Ihr Gewicht fuhr mir sofort ins Kreuz. Außerdem trat sie mir in die Milz (oder in die Leber, wer wusste so was schon genau). Doch sie kletterte unentwegt höher. Ich meinte, erstes Getuschel in meinem Rücken zu hören.

Mussten wir wirklich so blöd sein, aufs Land zu ziehen, während sich Sophie noch in der adaptiven Phase befand? Und alles genau, aber auch haargenau so machen wollte wie die anderen Kinder auch?

Ich hob Sophie probeweise ein wenig in die Luft. Das hatte ich das letzte Mal getan, als sie drei Jahre alt gewesen war. Ich kann berichten, dass sie seither an Gewicht und Größe deutlich zugelegt hatte.

Ich erinnerte mich an den Physikunterricht: eine besonders leichte Masse (Taschentuch) war schlecht zu werfen, da sie zu viel Luftwiderstand aufwies. Eine besonders schwere Masse (Sophie) war aber ebenso schlecht zu werfen, da sie sich nicht gut beschleunigen ließ. Am besten, hatten wir damals gelernt, lasse sich ein kleiner Stein werfen. Ein Kiesel, wohlgemerkt, kein achtjähriges Kind.

Aus der Berichterstattung von Fußballspielen und Olympiaden wiederum wusste ich, dass es sich beim Sport vor allem um eine mentale Herausforderung handelte. Man musste wirklich daran glauben, dass man das konnte, was man da tat. Dass man wirklich besser war als der Rest. Ich schloss die Augen, sammelte innere Ruhe und äußere Kraft, dann warf ich Sophie über den See. Ich meinte, dass mir der Abwurf ganz gut gelungen sei. Ich suchte die Wasseroberfläche nach dem Punkt ab, an dem sie einschlagen würde. Im selben Moment wurde ich von einem Plätschern direkt vor meinem Bauch überrascht.

»Papa, was soll das? Mach noch mal, aber richtig!«

Wieder hangelte sie sich an mir hinauf, diesmal um Klassen ungeduldiger und forscher als beim ersten Versuch. Es war der totale Ehrgeiz, gepaart mit aufkommender Angst, einen Vater zu haben, der es nicht brachte. Ich sah ihre weitere Schullaufbahn vor mir: allein in der Ecke, eines Vaters wegen, der es nicht brachte. Verspottet und ausgelacht – kein Wunder, bei dem Vater! Den konnte man ja nun wirklich nicht ernst nehmen! Der hatte sich das eigene Kind vor die Füße geworfen!

Ich fühlte mich wie das Pummelchen beim Diskuswerfen. Diskuswerfen. Das war's! Ich würde einfach Anlauf nehmen. In einer leichten, schnellen und kraftvollen Drehung. Ich hielt mir Sophie über den Kopf, begann mich zu drehen – und verlor in dem sandigen Grund den Halt. Wir sanken ins Wasser. In den wenigen Sekunden unter der Wasseroberfläche suchte ich nach einer Möglichkeit, nie wieder auftauchen zu müssen. Aber da verlangte meine Lunge schon wieder nach Luft.

Als ich auftauchte, weinte Sophie. Um uns herum aber entspann sich ein leises Kichern. Ganz vorsichtig fing das an, bei den Kleinkindern im Ufersand, die noch ganz schamlos auf uns zeigten. Dann lachten die älteren Kinder, die gerade über uns durch die Luft flogen. Und als schon so viele lachten, lachten auch die Väter – ihre erste emotionale Regung überhaupt, wie ich insgeheim vermerkte. Und als nun schon alle, wirklich ausnahmslos alle, lachten, da lachten, etwas leiser, die Landmütter auch.

Ich darf der Fairness wegen sagen: Es war ein freundliches Lachen. Ein Lachen voller Wohlwollen für das Fremde. Sie lachten, wie man im Zoo lachte, wenn das Erdmännchen besonders putzige Sachen anstellte. Ich begriff, dass wir Narrenfreiheit hatten. Wir waren die Neuen. Die hiesigen Normen galten für uns noch nicht. Das hatte etwas Befreiendes.

Auf einmal applaudierte jemand und streckte den gereckten Daumen in die Luft. »Wird schon ihr Clowns«, sollte das wohl heißen. Sie lachten uns nicht aus, sie spornten uns an. Sophies neue kleine Kameradinnen feuerten sie ebenfalls an, es besser zu machen.

»So-phie! So-phie! So-phie!«

Da war sie, die gerade noch vor Scham unter der Wasseroberfläche verschwinden wollte, doch ein wenig stolz über so viel wohlwollende Aufmerksamkeit.

Und beim nächsten Wurf flog sie schon volle zwei Meter weit.

Zumindest, wenn ich großzügig schätze.

SALTO IM BIRNBAUM

Brachte ich Sophie morgens mit dem Fahrrad zur Schule, zeigte sich ein verstörendes Bild: Jungen und Mädchen warteten getrennt auf Einlass. Zwischen den jungen Geschlechtern prangte ein unüberbrückbarer Korridor. Kein Mädchen hatte sich auf die Seite der Jungen gewagt, kein einziger Junge auf die Seite der Mädchen. (Nicht einmal einer mit Brille!) Nein, die Mädchen standen links, die Jungen rechts, beide Gruppen schwiegen.

Es war geradezu unheimlich, dieses Schweigen.

»Was ist denn hier passiert?«, flüsterte ich Sophie zu. Beginnt ja toll, dachte ich. Erste Schulwoche, und dann gleich ein Trauerfall.

»Ist normal hier«, klärte Sophie mich auf.

»Die sind immer so? Den ganzen Tag?«

»Nee, ab der ersten Pause wachen sie auf.«

»Und dann reden sie?«

»Also, schon mal ein Wort oder so.«

»Sie reden nur einzelne Wörter? Was denn, zum Beispiel?«

»Na – ›Pause‹ oder ›Mittagessen‹ oder ›Tauschen‹.«

»Was ist denn mit ›Tauschen‹ gemeint?«

»Na, das Schulbrot natürlich. Wenn irgendwas Ekliges drauf ist. Und jetzt psst.«

»Was ist denn, Schatz?«

»So viel sprechen, am Morgen, das macht man hier nicht.«

Und Sophie verschränkte die Arme und machte sich ebenfalls daran, ausgiebig zu schweigen. Es war ihr wirklich ein großes Anliegen, sich an die neuen Gegebenheiten anzupassen.

Das Schweigen der Kinder hatte etwas Strenges, Ernstes. Etwas Frühreifes und Gesetztes, das sich nur durch den Laien mit Müdigkeit verwechseln ließ. Erst spät erahnte ich, dass das Schweigen nicht nur der frühen Stunde, sondern auch dem fremden Ort geschuldet war: Es schien den Mädchen und Jungen verdächtig, Morgen für Morgen in eine andere Umgebung verfrachtet zu werden. Offenbar blieb man hier lieber zu Hause.

Je länger ich darüber nachdachte, umso sympathischer erschien mir das Schweigen. Was gab es denn schon zu besprechen? »Hattest du auch Haferflocken zum Frühstück?« »Hast du die 2 b) in Mathe?«

Wie klug, wie reif war es, einander mit derlei Alltagsleere zu verschonen. Hatte mich das haltlose Geplauder auf dem Berliner Schulhof nicht ohnehin immer genervt? Zumal um diese Uhrzeit? Schweigen um sieben Uhr dreiundfünfzig: leuchtete letztlich ein.

Gleichzeitig ahnte ich: Bis sich eines dieser zarten Geschöpfe nicht nur am Badesee, sondern auch mal einen Nachmittag lang bei Sophie zu Hause wohlfühlte, würde Zeit vergehen. Viel Zeit. Umso mehr freute ich mich, dass Sophie schon eine beste Freundin in der Dorfstraße gefunden hatte: die Enkelin meines märkischen Nachbarn. Die Freundschaft zu Annelie war in vollem Maße zu begrüßen!

Doch leider gab es hierbei ein kleines Problem: Es war absolut nicht möglich, Annelie zuzusehen, wie sie im Freien spielte. Es sei denn, man gehörte zu den Menschen, die Skirennen vor allem wegen der Stürze verfolgen.

Zugegeben: Ich hatte es selbst begrüßt, den alten Birnbaum stehen zu lassen, damit Sophie auf ihm klettern konnte. Aber ich hatte von »Klettern« gesprochen. Nicht von wahnwitzigen Stunts. Annelie war offensichtlich lebensmüde. Sie kletterte nicht, sie turnte Rittberger und Hüftumschwünge und Flickflacks auf dem morschen Baum, landete in der Sprunggrätsche auf einer dürren Astgabel. Sie hangelte sich äffchengleich in die Baumkrone, sprang dann aus drei Metern wieder ab, natürlich im Grätschwinkelsprung. Sofort hüpfte sie auf die Schaukel, auf der sie nicht etwa saß, sondern von der sie sich kopfüber herabbaumeln ließ. So konnte sie mit den Händen auf dem Rasen Anlauf nehmen.

Hier, an der Schaukel, zeigte sich ein zweites Problem. Das Seil, an dem die Schaukel hing, hatte ich selbst angebracht! Mit all meinen handwerklichen Fähigkeiten! Was, wenn es riss? Wie sollte Sophie jemals glücklich werden, wenn ihre beste Freundin Annelie einen Genickbruch erlitt? Eines Seiles wegen, das ihr eigener Vater angebracht hatte?

Die Anordnung von Arbeitszimmer und Kletterbaum war geradewegs perfide zu nennen. Sah ich raus, sah ich unweigerlich den Baum. Und wer kletterte schon wieder darauf? Manchmal, wenn Annelie gar zu schief auf den Ästen turnte, schloss ich die Augen. Doch sobald ich wieder hinsah, war alles noch schlimmer geworden: Annelie hing dann kopfüber in der Baumkrone, an nur einem Fuß, mindestens vier Meter über dem Boden. Sophie stand bewundernd auf dem Rasen.

Ich beschloss, meinen märkischen Nachbarn hinzuzurufen. Sollte er doch die Verantwortung für seine Enkelin übernehmen!

»Also, mir wär lieb, wenn du hier mal schaust, wegen dem Seil, und die Schaukel ist ja auch leicht aus der Achse. Und wenn Annelie dann immer so kopfüber – nicht, dass da was reißt. Ist zwar nur Rasen drunter, aber –«

»Nu hör aber ma uff zu blubbern!«, sagte mein märkischer Nachbar.

»Es ist ja mein Grundstück und rein rechtlich – wobei ich jetzt nicht sagen will, dass es mir ums Juristische geht, aber wir wollen ja beide, dass Annelie gesund bleibt und Sophie nicht auch noch anfängt mit dem Quatsch, und da dachte ich –«

»Mann, du Blubberkopp, nu hör aber uff mit dem Jesabbel! Wenn ick dir richtig versteh, willste nich, dass se schaukelt?«

»Doch schon, sie soll ja schaukeln, aber –«

»Schreiberling! Wenn se schaukeln soll, lässte se schaukeln. Wenn se nich schaukeln soll, lässte se nich schaukeln. Allet paletti?«

»Darum geht es doch gar nicht! Ich meinte wegen der Sicherheit.«

Mein märkischer Nachbar sammelte einige Stumpenreste aus seiner Latzhose, drückte, presste und walkte sie zu einem neuen Stumpen zusammen und zündete ihn an.

Seine Mundwinkel hoben sich unmerklich.

»Sicherheit? Wie meinste? Schaukelsicherheit oder wat?

Willste noch ne Schaukelsicherheitsbestimmung erlassen? Oder der kleenen Maus nen Sicherheitsgurt anlejen? Mann, dit is ne Schaukel, keen Sputnik.«

»Okay, okay. Aber könntest du nicht einfach mal das Seil überprüfen? Deine Enkelin schaukelt kopfüber.«

»Hab ick ooch immer so jemacht. Richtig rum is für Weicheier.«

Er zupfte einmal an beiden Seilen.

»Also, wenn ick hier irjendwat nich entdecke, dann nen Problem!«

Ich war beeindruckt. Das würde ich fortan bei Anka ausprobieren. Wenn wieder niemand eingekauft hatte. Wenn ich wieder zu spät aufgestanden war. Wenn wieder keiner gekocht hatte. – »Ejal, wenn ick hier irjendwat nich entdecke, dann nen Problem!«

Ich schaute auf die Uhr. Kurz vor vier. Zwei Stunden war ich noch allein verantwortlich. Dann kehrte Anka aus dem Büro zurück. Bis dahin durfte keinesfalls ein Krankenwagen vorgefahren sein.

»Dann darf sie das also alles?«, fragte ich. »Kopfüber und Salto und Rittberger?«

»Nu hör aber ma uff mit dem Jeseire. Oder seh ick vielleicht so aus, als vertrag ick keen Bier?«

Ich ging in den Keller. Wir tranken jeder ein Fläschchen. Natürlich hatte ich wieder die falsche Marke gekauft. (»Wat is'n dit für ne Pullabrause?«) Das hinderte meinen märkischen Nachbarn aber nicht daran, ein zweites Fläschchen zu picheln.

»Ick mach'n Abjang«, sagte er dann, »und du hörst ma bitte uff mit die Fisimatenten!«

Die folgende Stunde verschaffte auch keine Linderung. Sophie und Annelie ließen zwar vom Birnbaum ab, kletterten nun aber auf das Schuppendach. Zum Schuppen ist zu wissen, dass ich nach jedem kräftigeren Windstoß nachsah, ob er noch stand. Die Sparren waren morsch, die Ziegel altersschwach, die Wände gewölbt und rissig.

Und auf dieser Lebendfalle saß schwankend meine Tochter. Mit einem Mädchen, für das ich ebenfalls die Verantwortung trug. Da wären sie ja noch lieber auf dem Birnbaum geblieben!

Ich schätzte die Höhe ab. Drei Meter fünfzig. Mal wie viel Kilogramm Körpergewicht? Welche Beschleunigung ergab das? Mit welcher Wucht würden sie auf den rostigen Pfeilspitzen des Gartenzauns aufschlagen? Und dann? Tetanus? Blutvergiftung? Der alte Antirostanstrich aus Ostzeiten war sicherlich bleihaltig …

Die beiden Mädchen plauderten munter, schwankten auf dem labberigen Dach und kauten Kaugummi.

Wenn es hier irgendwas gab, dann wohl ein sattes Problem!

»Na, du Flitzepiepe? Gönn wa uns noch 'n Schlückchen?«

Mein märkischer Nachbar stakste mit langen Beinen über die Dorfstraße, sein Schatten fiel auf den gestampften Sand. Er besah sich seine Enkelin und meine Tochter auf dem löchrigen Dach. Besah sich die würdelos schwitzende Gestalt zu ihren Füßen: mich. Einen Stadtvater. Keine Frage: Gleich würde ich einen »uff Plauze« kriegen.

Mein märkischer Nachbar wartete. Ich wartete. Die Mädchen kauten Kaugummi. Das Dach schwankte. Dann streckte mein märkischer Nachbar beide Arme, die er eben noch hinterm Rücken verschränkt hatte, nach vorn. In jeder Hand hielt er ein Wassereis. Die Mädchen schrien begeistert auf und hangelten sich vom Schuppendach, bevor es in sich zusammenstürzen konnte.

»Da kiekste, wa?«, sagte er zu mir.

Ich verbuchte einen ersten Lernerfolg: Auf dem Land gab es kein Problem. Niemals. Gab es doch eins, war es keinesfalls zu benennen. Ich lernte: Verscheuche niemanden von einer als Schuppen getarnten Guillotine! Spendiere lieber ein Eis!

Die beiden Wassereise waren schnell weggeschlotzt. Ich aber hatte von dem Schrecken einen ganz trockenen Mund bekommen.

»Könnte ich vielleicht auch eins?«, fragte ich vorsichtig.

»Nu japs ma nich gleich vor Unglück«, sagte mein märkischer Nachbar. »Wer Eis will, muss erst ma uff's Schuppendach!«

Das ließen sich die Mädchen nicht zweimal sagen.

Und schon saßen sie wieder oben.

AN DER
BUSHALTESTELLE I

Dass man auf dem Land ein Auto brauchte, hielt ich für ein Gerücht. Wofür gab es Fahrräder? Den öffentlichen Nahverkehr? Als wäre ich nicht ohnehin schon ausreichend mit Glück gesegnet hier draußen, befand sich vor unserem Hof auch noch eine Bushaltestelle. So weit entfernt, dass man das Röhren der Busse nicht hörte, und doch so nah, dass wir nur zwei Minuten hinzugehen hatten. Da brauchte ich doch kein Auto. Mitnichten würde ich mir ein Auto anschaffen, nur weil das auf dem Land angeblich alternativlos war.

Ich? Ein Auto?

Ich schnappte mir Sophie für unsere erste Busfahrt in die Kreisstadt. Wir bestaunten die einladende Haltestelle. Der Rasen um das Wartehäuschen frisch gemäht, pittoreske Rosen auf der Rückseite, keine Graffiti, selbst der Mülleimer war leer. Gut gelaunt setzten wir uns auf die Bank. Nach einer Viertelstunde saßen wir noch immer. Es war kein einziger Bus vorbeigekommen. Genau genommen war auch sonst niemand vorbeigekommen. Hinter uns zirpten die Grillen im Gras, vor uns neigte sich die Sonne über dem Feld.

»Vielleicht sollen wir mal die Abfahrtstafel studieren«, sagte ich nach weiteren zehn Minuten.

So leicht ließ sich ein Landvater nicht unterkriegen. Aber

was war nun schon wieder? War ich über Nacht zum An-alphabeten mutiert? Hatte ich mich bei einem der etwa sie-benhundert Zeckenbisse seit dem Umzug mit Borreliose infiziert? Oder war es Frühdemenz?

Als ich vor der Abfahrtstafel stand, begriff ich gar nichts. Fremde Zeichen und Kürzel. Seltsame, nie gehörte Orts-namen. In keinerlei Bezug zueinander stehende Abfahrts-zeiten. Die Kreisstadt, in die wir fahren wollten, tauchte da-gegen nirgends auf.

»Und, was steht da?«, fragte Sophie.

»Nun – ähm.«

»Lies doch mal vor!«

»Also, der nächste Bus müsste, ähm –«

»Kannst du nicht mehr lesen?«

»Doch schon, aber –«

Mit größter intellektueller Anstrengung versuchte ich, eine Ordnung in die Hieroglyphen zu bringen. Aber was be-deutete »BUS 956 Sonderfahrt M'berg nur T1«? Ich suchte ein T in der Legende, aber dort gab es nur ein X. (»Mo–Fr ohne Schulf.«) Die Uhrzeiten, zu groben Vormittags- und Nachmittagsblöcken geordnet, schienen mir auch ohne jeg-lichen Informationsgehalt.

Ich versuchte, strategischer an das Rätsel heranzugehen, und hielt Ausschau nach der gegenüberliegenden Halte-stelle. Vielleicht würde ein geschickter Abfahrtstafelver-gleich mit der Gegenrichtung Klarheit verschaffen. Aber siehe da, es gab keine Haltestelle in der Gegenrichtung. Die Dorfstraße war so schmal, dass die Haltestelle von beiden Seiten angefahren wurde. Das verkomplizierte die Sache, da jederzeit ein Bus in beide Richtungen abfahren konnte.

Ich setzte mich wieder.

»Wann kommt denn nun der Bus?«, fragte Sophie.

»Jeden Moment«, sagte ich.

»Ich hab aber Durst.«

»Dann holen wir noch schnell was zu trinken.«

»Ich dachte, der Bus kommt gleich.«

»Du wartest hier. Wenn er kommt, hältst du ihn auf!«

Ich rannte zum Hof zurück, verschwand im Haus, schnappte mir eine Wasserflasche und zwei Schrippen, rannte wieder zurück.

Entwarnung. Ein Bus war nicht vorgefahren.

Dafür war Sophie verschwunden. Mein Puls zog an. Ich ahnte, was geschehen war. Jemand hatte sie ins Auto gelockt! Das passierte stündlich an Bushaltestellen auf dem Land, das wusste ich aus der *Bild!* Ich bekam Panik und wollte gerade um Hilfe rufen, als ich ein leises Gähnen hinter der Haltestelle vernahm.

Nach der Dreiviertelstunde, die wir schon warteten, hatte sich Sophie ins Gras gebettet. Unter die Rosen. Ein Bild für den Landlustkalender. Ich setzte mich zu ihr. Wir tranken Wasser und aßen Schrippen. Es hatte etwas von einem Ausflug. Die Grillen, die leere Landstraße, die Haltestelle in der Mittagshitze. Seit wir picknickten, fiel uns gar nicht mehr so sehr auf, dass wir eigentlich warteten.

Wir hatten großes Glück. Bereits nach einer weiteren halben Stunde kam ein Bus! Ich kann sagen, dass die Ankunft des Busses etwas Festliches hatte, etwas Erhabenes. Das Röhren des Diesels, noch aus der Ferne. Dann der erste rote Farbtupfer am Horizont: Ja, tatsächlich, er kommt! Das Größerwerden und Näherrücken. Schließlich das Verlangsamen und das hydraulische Zischen, als die Türen sich öffneten. Sophie konnte sich vor Aufregung kaum mehr halten.

Voller Stolz bestieg sie das heilige Gefährt.

»Zweimal nach Cranlow, bitte«, hauchte ich ergriffen.

»Cranlow? Ihr wollt ma wohl vapiepen. Oder wie soll ick uff'm Weg nach Marxdorf im ollen Cranlow vorbeikieken, ihr Spaßvögel. Cranlow is natürlich die andre Richtung, ick darf noch nen juten Tach wünschen. Ick bitte nu, vonner Plattform zurückzutreten!«

Erneut zischte die Hydraulik. Abweisend schlossen sich die Türen.

Sophie und ich gaben auf und gingen unverrichteter Dinge wieder nach Hause. Wenn es nicht möglich war, in die Kreisstadt zu gelangen, um dort einkaufen zu gehen, würde ich umso dringlicher an meinem anderen Plan feilen müssen. Eigenes Gemüse. Eigene Kartoffeln. Das Erlangen völliger Autarkie!

Einmal mehr gestand ich mir ein, dass ich mir meinen Wandel zum Landvater einfacher vorgestellt hatte. Man meldete sich in der Stadt ab und auf dem Dorf an, hatte ich geglaubt. Wälder und Felder würden fortan Sophies eigentliche Lehrmeister sein. Und hatte dabei völlig übersehen, dass ich ebenfalls einen Lehrmeister benötigte.

Wie waren all die neuen Seltsamkeiten zu begreifen? Abfahrtstafeln, zum Beispiel. Vor allem aber auch diese Eingeborenen, die ganz eigene Kulte und Riten pflegten. Auch Mückenbisse, notwendig gewordene Chauffeurdienste und

Bürgersteige mit der Tendenz, um vier Uhr nachmittags nach oben zu klappen, hatte ich nicht bedacht.

Aber als Landvater senkte ich sogleich meine Ansprüche: Immerhin machte der ganze Familienwahnsinn hier draußen, in der Wildnis, mehr Spaß. Hier konnte ich zelten gehen (wenn da nicht diese lausigen Wildschweine wären), grillen (wenn die Tochter nicht seit dem Fischfang zur Vegetarierin mutiert wäre) und dem Kind anhand des eigenen Gemüsebeetes erklären, wie es einst nachhaltiger leben kann. (»Aber Papa, warum stellst du dann immer noch alle zwei Wochen so viel Plastik vor die Tür?«)

Schlichen sich einmal unerwartet friedvolle, beruhigte Zeiten in den kleinen Familienalltag, eignete sich jederzeit eine Geburtstags-Schatzsuche bei Dauerregen, eine schockierende Freundinnenübernachtung oder aber der Versuch, sonntagmorgens an Haferflocken zu gelangen, um in das gewohnte Maß aus müder Haltlosigkeit, gehetztem Wahn und unzerstörbarer Vaterliebe zurückzufinden.

Aber ich will nicht vorgreifen. Der Weg vom ganz normalen, besorgten Bürger zum tiefenentspannten Problembezwinger, den man landläufig unter dem Begriff »Landvater« kennt, ist äußerst behutsam nachzuzeichnen.

Andernfalls hält man mich, angesichts der nun folgenden Ereignisse, noch für verrückt.

KINDHEITSTRAUMA

Bei der Anpassung ans Landleben verhielt es sich so: Hatten wir eine Hürde genommen, baute sich zuverlässig die nächste, umso kniffligere vor uns auf.

Kaum dass Sophie den Weg allein zur Schule fand, folgte schon der nächste Schock: Klassenfahrt! Eine volle Woche. Nach nur zehn Tagen Unterricht an der neuen Landschule. Waren denn alle wahnsinnig hier draußen? Während sich die kleinen Landmädchen und Landjungen alle seit der Geburt kannten, kannte Sophie kaum den Namen ihrer neuen Lehrerin! Und da wollte man sie gleich verschleppen und internieren? Sieben volle Tage lang? Handys verboten. Besuch nicht möglich. (»Wenn wat is, melden wa uns!«) Ich hätte es wissen müssen: Hier draußen regierte die Schwarze Pädagogik!

»Ist doch gut, wenn das mal der Vater übernimmt«, sagte Anka am Telefon. Sie war noch bis einschließlich Montag auf einer Fortbildung.

Diesen Mechanismus hatte ich schon öfter beobachtet. Je unangenehmer eine Sache wurde, umso mehr bot sich an, dass sie »auch mal der Vater« übernahm. Für die Vater-Kind-Bindung, versteht sich. Um die war es nicht gut bestellt, das war biologisch bedingt. Das Kind war aus der Mutter, nicht aus dem Vater, hervorgegangen. Mit anderen

Worten: Ein Vater konnte gegen eine Mutter nur verlieren. Schließlich hatte er den Geburtsschmerz nicht durchlitten. In Zeiten ziselierter Geschlechterdiskurse fand ich diese Erklärung ein wenig brachial.

Wenn ihm nun aber an der Kind-Bindung gelegen war, konnte ein Vater seine Geburtssünde wiedergutmachen. Unangenehme, ermüdende, langweilende, stumpfsinnige, peinliche oder aber, wie in diesem Fall, den Angstschweiß treibende Tätigkeiten boten sich dazu jederzeit an. Arztbesuche mit einem fiebrigen Kind, das die ganze Praxis zusammenschreit. Ein Arbeitstagmorgen unter blasierten Nannys auf einem Berliner Spielplatz. Oder eben die therapeutische Begleitung dieses Himmelfahrtskommandos namens Klassenfahrt.

Seit dem Moment ihrer Ankündigung warf die Klassenfahrt einen täglich größeren Schatten voraus. Dort, wo der Schatten hinfiel, geschah zweierlei. Zum einen wurde Sophie immer munterer, zum anderen wurde ich immer stiller. Sieben Tage. Am anderen Ende Brandenburgs. In einem Schwimmcamp. Ohne seelische Blessuren wäre das in keinem Fall durchzustehen. Für Sophie – vielleicht. Nicht aber für mich.

Sagte Sophie etwa: »Ich bin gespannt, was es da zu essen gibt!«, antwortete ich: »Du musst da wirklich nicht hin, Süße. Wenn du willst, holen wir dir ein Attest!« Sagte sie: »Ich freu mich schon auf die Busfahrt«, sagte ich: »Aber da wird dir doch immer schlecht!«

In der Zeit vor der Abfahrt stellte ich einige Sonderregeln auf. Zuckerlastige Ernährung, Lesen bis in die Morgenstunden und nasse Haare beim Radfahren waren sehr in Ordnung. So bestand immerhin noch die Chance, dass Sophie sich bis zur Abfahrt erkältete.

Auch unsere abendlichen Gespräche nahmen einen neuen Verlauf:

»Willst du nicht noch ein wenig lesen, Süße?«

»Bin viel zu müde, Papa.«

»Na, du kannst das Licht ja noch etwas anlassen.«

Doch Sophie? Knipste das Licht aus und schlummerte ein.

Ich lag derweil schlaflos im Bett. Mein Kind. Gerade erst geschlüpft. In einer Horde seit Jahren miteinander befreundeter Landkinder, die Sophie ausschließen, auslachen, am Stuhl festbinden und mit Tomaten bewerfen würden. Dazu ein tyrannischer Schwimmlehrer, gepaart mit panischer Kinderangst vor dem Ertrinken.

Mithin drohte ein Trauma, das Sophie das ganze Leben begleiten würde. Eine langjährige Karriere als Psychotherapie-Patientin schien vorgezeichnet. Ich musste meine Tochter davor bewahren. Nur wie? Am nächsten Morgen bot ich ihr schlaftrunken Zuckerbrause mit Weißbrot und Nutella an, doch Sophie war topfit und griff lieber nach Milch und den Haferflocken.

»Kann ich ein bisschen Obst?«, fragte sie. Und dann plauderte sie schon wieder vom Schwimmabzeichen in Bronze, mit dem sie zurückkehren würde.

»Vor mir musst du nichts beweisen, Süße. Seepferdchen ist völlig ausreichend.«

»Pah. Seepferdchen ist für Babys!«

Ich hielt es pädagogisch für ungeschickt, an dieser Stelle zuzugeben, dass ich als Kind mangels Kontakts mit dem

Wasser nicht einmal das kleine Planschabzeichen bestanden hätte. Als Kind hatte meine Mutter mich nicht einmal an den Beckenrand, geschweige denn in das Wasser gekriegt. Wasser! Darin konnte man ertrinken! Wusste Sophie das denn nicht?

Der Abfahrtstag rückte näher. Es ging mir stündlich schlechter. Ich überlegte, wie ich mich in das Schwimmcamp einschleichen konnte. Doch ein einzelner, mittelalter Herr? Der sich in ein Kinderlager einbuchte? Das würde auch nicht den besten Eindruck machen. Ob es eine technische Lösung gäbe? Eine Art Wanze? Ich googelte heimlich, doch alles, was ich fand, war juristisch bedenklich. Was war denn das für ein Land, in dem man nicht einmal sein eigenes Kind abhören durfte, um es – ja, was eigentlich? Wenn ich Sophie beim Ertrinken zuhörte, würde ich sie mit einer Abhörstation auch nicht mehr retten können.

Als wir am Abend vor der Abfahrt die Tasche packten, kam es mir vor, als packte ich für ein Begräbnis. Sophie machte sich daran, die Liste der Lehrerin vorzusingen. Sie sang, zur Melodie von »Schneeflöckchen, Weißröckchen«: »Sie-ben Söckchen und T-Shirts, Bade-anzug und Geld«, während ich die Sachen mit zittriger Hand von der Liste strich.

»Warum bist du denn so still, Papa?«

»Du kannst es dir jederzeit anders überlegen. Weißt du das?«

Am nächsten Morgen hatten sich bereits zahlreiche Landmütter und Landväter vor dem Schulgebäude versammelt,

als Sophie und ich dazustießen. Das Verhalten der Landeltern versetzte mir einen neuen Schlag. Während in Berlin
vor Sorge halb tote, leichenblasse Eltern um die Klassenlehrerin geschwirrt wären, um letzte Globulidosierungen,
Allergikerhinweise und Schlafpositionen für das Kuscheltier durchzugeben (»Die Schlafeule niemals ans Kopfen-
de!«), tat sich hier einfach: nichts. Man stand. Man rauchte.
Alle übten sich in demonstrativer Gelassenheit.

»Von mir aus könn se nich nur ne Woche, sondern ooch
nen Monat wegbleiben«, hörte ich.

»Jenau! Tut den Kleenen ooch mal janz jut, sich alleene
durchzuschlagen.«

Meine Miene erstarrte. Alleene durschlagen? Sophie war
acht! Was war das, ein Bootcamp? Ich bemühte mich um
eine Audienz bei der Klassenlehrerin, um die Reise in letzter
Sekunde abzublasen. In dem Moment versperrte mir ein
etwa doppelt so breit wie ich gebauter Landvater den Weg,
sodass ich die Klassenlehrerin schlicht nicht mehr sah.

»Wat ist denn mit dir los?«, fragte er.

»Na ja, sie ist ja erst acht und –«

»Letztet Jahr sind nur zwee abjesoffen!«

Er grinste.

»Ein Witz, Mann, ein Witz!«

»Ah. Lustig«, sagte ich.

Ich wollte Sophie näher an mich herandrücken, stellte aber
überrascht fest, dass sie gar nicht neben mir stand. Sie ki-
cherte in einer Runde aufgedrehter Landmädchen und
spielte Gummitwist. Seltsam. Nichts war hier, wie ich es
kannte. Mussten die Kinder nicht, mit dramatischen Ge-

sichtern, heulend am Rockzipfel ihrer Eltern hängen? So kannte ich das aus Berlin. Ich wollte mich gerade dem Schicksal ergeben und leise durchatmen, als der Bus vorfuhr. Sofort sackte mir der Blutdruck wieder ab.

Sophie genügte es nicht mehr, nach rechts oder links zu gehen, ihre Aufregung verlangte die dritte Dimension. Sie begann, auf und ab zu hüpfen. Dann rauschte sie, ein mir völlig fremdes Mädchen an der Hand, an mir vorbei, rief »Tschüß, Papa!« und verschwand im Bus. Der Schock saß. Die Scheiben waren getönt. Ich sah nichts mehr. So musste es sich anfühlen, wenn ein Vater mit ansah, wie das eigene Kind am Badesee ertrank.

Zack. Weg.

Dann fuhr der Bus tatsächlich ab. Ich sah ihm hinterher, bis er hinter der nächsten Kurve verschwand. Verschämt schielte ich nach rechts. Siehe da, eine Landmutter zupfte ein Taschentuch hervor. Hinter vorgehaltener Hand tupfte sie sich die Augen trocken. Als sie meinen Blick wahrnahm, wollte ich ihr verschwörerisch zunicken, doch sie nahm das Taschentuch sofort wieder weg und lächelte tapfer. Ich sah zur anderen Seite. Ein Landvater setzte sich trotz des trüben Wetters soeben eine Sonnenbrille auf. Überhaupt schien die Sonnenbrillendichte um mich herum auf einmal zuzunehmen.

Der Vater, der eben noch den Witz über das Ertrinken gerissen hatte, hatte alle Scheu aufgegeben. Hemmungslos rannte er von links nach rechts, die Hände vor Verzweiflung vor dem Gesicht zusammengeschlagen. Dann stützte er sich an einem Zaun und drohte jeden Moment in sich zusammenzusacken. In diesem Moment hörte ich hinter mir ein

Schluchzen. Erst langsam begriff ich, dass ich ringsum von einem Rudel heulender, Sonnenbrillen tragender Landelternteile umgeben war.

So also machte man das auf dem Land!

Nun, das ließ sich einrichten. Ich kramte nach meiner eigenen Sonnenbrille und setzte sie auf. Dann erst heulte auch ich.

AUCH SCHON WACH?

Um Landvater zu werden, brauchte ich dringend einen neuen Beruf. Ein echter Landvater verließ morgens zwischen sechs und sieben das Haus. Dann startete er ein lautstarkes (und tiefergelegtes) Automobil. Sein Kavalierstart in den Tag hatte den praktischen Nebeneffekt, alle anderen Väter, Mütter, Großväter, Großmütter, Onkel und Cousinen mit aufzuwecken. Startete ein Landvater sein Automobil, war das ganze Dorf wach. Als Nächstes war ein Landvater acht bis zehn Stunden verschwunden. Komplett weg. Wie vom märkischen Acker verschluckt. Frühestens gegen achtzehn Uhr konnte sich ein Landvater im Dorf wieder blicken lassen.

Tagsüber im Dorf waren: Frauen. Kranke. Alte. Trinker. Und ich.

Das brachte einige Probleme mit sich, die im weitesten Sinne um meinen Ruf kreisten. Innerhalb der Berufe, die sich nur unter Abwesenheit ausüben ließen, gab es noch eine gewisse Abstufung. Laute Berufe, die draußen passierten, waren höher angesehen als leise Berufe, die sich drinnen abspielten. Der Automechaniker toppte den Amtsleiter, der Bauer den Banker, der Klempner den Koch.

Berufe, die keine Abwesenheit einforderten, waren dagegen nicht weiter abgestuft. Sie waren unnütz. Weibisch. Linkisch. Peinlich. Des Weiteren brachten sie natürlich kein

Geld ein. (»Keenen Cent!«) Das führte im Dorf zu der Überzeugung, dass Anka mich aushalte und ich ihr dafür die Socken wasche.

»Wenn er denn schon keene Pennunsen vadient!«

Ein besonders gutes Gespür in diesen Dingen hatte unser allseits geschätzter Regierungsrat, der ein paar Häuser die Dorfstraße hoch wohnte. Hatte ich etwa am Morgen drei Artikel, vier Radiobeiträge und fünf neue Buchseiten getippt, am Mittag meinen tausend Quadratmeter großen Kartoffelacker bestellt, am Nachmittag zwei Bücher zu Ende geschrieben, ein drittes begonnen, zwei Features eingesprochen sowie meine Steuererklärung abgegeben, grüßte er mich am Abend, wenn ich mit Sophie gerade Hausaufgaben machte und ihr dabei Linsen kochte, wobei ich mit dem Verlag telefonierte: »Na, du Pennrtüte, ooch schon wach?«

Ich gähnte dann ausgiebig und ließ mich generell nur noch im verknitterten T-Shirt blicken, um jederzeit den Eindruck zu erwecken, gerade erst dem Bett entstiegen zu sein.

Ich wollte ja niemanden enttäuschen!

Zwei Tage Tag nach Sophies Abfahrt ins Schwimmlager zeigte sich das volle Ausmaß meines beruflichen Scheiterns. Gegen Mittag fuhr der Bäckerwagen vor. (Das letzte bisschen Infrastruktur, über das unser schönes Dorf noch verfügt.) Sobald der Wagen in die Dorfstraße bog, hupte die Verkäuferin zweimal laut. Eigentlich unnötig. Denn unter der Dorflinde warteten bereits vollzählig ihre Kunden.

Meine sehr geschätzte Nachbarin Tante Ursel (85).

Meine sehr geschätzte Nachbarin Oma Trude (79).

Meine sehr geschätzte Nachbarin Gundel (66).

Meine sehr geschätzte Nachbarin Tante Barbara (80).

Mein sehr geschätzter Nachbar Opa Horst (91).

Natürlich war ich mit niemandem von ihnen verwandt. Aber im Dorf hießen sie nun einmal so: Tante Ursel. Oma Trude.

»Guten Morgen!«, rief ich in die Runde.

Im Stillen bedauerte ich, dass Sophie noch immer in dem Schwimmlager weilte. Wenn ich schon keiner Arbeit nachging, die nicht im Dorf stattfand, so hatte ich immerhin ein Kind, um das ich mich kümmerte. Auch das konnte, wenn man beide Augen zudrückte, eine Berechtigung darstellen, am Leben zu sein.

»Juten Morjen!«, durchlief es die Schlange der Wartenden, von hinten nach vorn.

Nur Tante Barbara beugte sich zu Oma Trude hinüber und fragte: »Wat? Wat hat er jesacht?«

Wie sie da standen mit ihren Einkaufstrolleys, auf denen sie ihre Einkäufe nach Hause fahren würden, mit ihren blumenverzierten Stoffportemonnaies und den großen Hüten gegen die erbarmungslose Sommersonne, war es absolut unmöglich, nicht jede Einzelne von ihnen – und Opa Horst – lieb zu haben.

Ob es möglich war, sich eine von ihnen auszuleihen?

Als Landoma? Für Sophie?

»Zwee Schrippen, zwee Knüppel und zwee Stücken Pflaume«, sagte Tante Ursel.

»Wieso zwee?«, erkundigte sich Tante Barbara. »Haste Herrenbesuch?«

Sie drehte sich um und zwinkerte verschmitzt in die Runde.

Tante Ursel stellte sich mit ihrem Einkauf in den Schatten. Es war ein ungeschriebenes Gesetz, dass die fünf aufeinander warteten, bis sie geschlossen den Heimweg antraten. Sie wohnten ja ohnehin höchstens zwanzig Meter voneinander entfernt.

Ich lächelte ihr zu.

Doch was geschah dann?

Ihr Blick trübte sich. Sie kam auf mich zu, wobei sie ihren Einkaufstrolley halb zog und sich halb auf ihn stützte. Dann legte sie mir die Hand auf den Arm.

»Ditt hat's früher nich jejeben«, sagte sie. »Wie die Mauer noch stand, war ooch nich allet pieke. Aber dass eener am helllichten Tach nich jebraucht wird –«

Und dann nahm sie doch tatsächlich einen der Zwetschgenkuchen aus der Papierverpackung und reichte ihn mir herüber.

Es war mir unsäglich peinlich.

Nur eines hätte alles noch schlimmer gemacht: den Kuchen nicht anzunehmen.

Als Nächste war Oma Trude fertig mit ihrem Einkauf und gesellte sich zu uns. Auch sie schenkte mir ein Stück Kuchen, das sie umständlich von dem Pappteller auf eine Serviette schob.

»Ähm, das ist lieb«, sagte ich, »aber Sie müssen wirklich nicht, also ich meine –«

»Barbara«, sagte Tante Barbara.

»Trude«, sagte Oma Trude.

»Und ick bin der Horscht«, sagte Opa Horst.

»Uff'em Dorf wird nich jesiezt. Dit kannste dir schon ma merken«, sagte Gundel.

»Und wir nehmen hier jeden unter unsre Fittiche«, erklärte Tante Barbara. »Jeden. Vastehste?«

Und schon hatte ich mir ein drittes Stück Kuchen eingefangen.

Und dann legte Opa Horst auch noch drei Schusterjungen obendrauf.

»Und Sie?«, fragte mich die Verkäuferin, als ich an der Reihe war.

»Danke. Ich hab schon«, sagte ich.

Tante Ursel, Oma Trude, Gundel, Tante Barbara und Opa Horst standen nun im Kreis um mich herum und musterten, wie ich meinerseits mit großen Augen den Kuchen taxierte.

Offenbar deuteten sie meinen Blick falsch.

»Nur zu«, ermunterte mich Tante Ursel.

»Deine Olle kiekt ja nich hin«, sagte Opa Horst.

»Wo isse denn überhaupt?«

»Im Büro«, sagte ich.

»Ach, Mami hat Arbeit?«, fragte Tante Ursel. »Na, da sind wa ja froh.«

Ich versuchte noch, zu einer kleinen nachbarschaftlichen Rede anzusetzen und der fröhlichen Runde zu erklären, dass beim nächsten Mal dann aber ich dran sei und die werte Nachbarschaft zum Kuchen einlade, doch damit kam ich nicht durch.

»Sch!«, machte Tante Barbara nur. Schon hatte ich wieder

eine Hand auf dem Unterarm. »Wir plaudern ooch nüscht aus!«

»Oh, ja«, sagte Tante Ursel, »vaschwiegen sind wa!«

»Wie ein Grab!«

Dann machten sich die fünf auf den Weg.

»Nett is er ja«, hörte ich Tante Barbara noch.

»Aber dass er nich arbeiten tut«, sagte Gundel.

»Schlimm«, sagte Opa Horst.

Keine zwei Monate nach meiner Ankunft im Dorf war das Urteil gefallen: »Mit dem stimmt doch was nicht!« Wie sonst war zu verstehen, dass mein märkischer Nachbar immer verlangsamte, wenn er an unserem Haus vorbeiradelte? Dass er sich beiläufig kratzte, um ins Küchenfenster zu linsen?

Und was hatte das zu bedeuten, dass er seine Enkelin wie eine kleine Spionin vorbeischickte, angeblich um ein paar Birnen zu erbitten, die im Sommer nun wirklich jeder zur Genüge hatte im ganzen Dorf? Und warum schickte er seine Enkelin mit Vorliebe dann, wenn Anka im Büro weilte?

Bereits vor ihrem Schwimmlager hatte mich Sophie gefragt, warum ich nach unserem Umzug arbeitslos geworden sei. Ich erklärte, dass sie da etwas missverstanden habe.

»Warum sagst du ihnen dann nicht, dass es nicht stimmt?«, fragte sie.

»Was man glauben will, stimmt manchmal noch ein klein wenig mehr, als das, was wirklich wahr ist«, sagte ich.

»Was?«

»Sie glauben so fest daran, dass es für sie eben stimmt. Egal, was ich sage. Außerdem, so wichtig ist das auch wieder nicht mit der Arbeit.«

»Liebe ist wichtiger, stimmt's?«

»Wer hat dir das denn erzählt?«

Verschmitzt hatte sie auf mich gezeigt.

Und nun war sie schon drei Tage fort.

Es stellte sich heraus, dass das Landleben ohne Sophie keinen Sinn ergab. All die schönen Blumen klappten ihre Blüten völlig umsonst auf, seit Sophie im Schwimmlager darbte. All der Frieden, all die Sonne, all der Himmel: Nichts hatte noch eine Bedeutung. Die Stille, eben noch beruhigend, war nun beklemmend.

Doch zurück zu meinen geschätzten Nachbarn.

Als ich am nächsten Tag in den Hof hinaustrat, huschte eben der Regierungsrat davon. Sowie er wieder auf dem öffentlichen Boden der Dorfstraße stand, pfiff er ein paar Tönchen und fischte sich unsichtbare Flusen vom Jackett.

»Mein lieber Herr Regierungsrat«, sagte ich. »Wie komme ich zu der Ehre?«

»Ooch, ick wollt nur ma, ähm, die Anjetraute lässt frajen, ob ihr Kartoffeln braucht.«

»Kartoffeln?«

»Oder Möhren.«

»Ähm, danke, aber eigentlich hab ich grad eingekauft!«

»Sach, wo wa uns schon ma zufällig treffen tun.«

Er winkte mich zu sich.

»Wat machste hier eijentlich den janzen Tach?«

In dem Moment ging es mir auf. Ich war gar nicht verdächtig! Niemand hatte die Absicht, mich zu überprüfen! Sie wollten es einfach nur verstehen. Sie waren neugierig, im positiven Sinn. Sie konnten sich unter dem, was ich tat,

nichts vorstellen. Und so hatten sie ihre Fühlerchen aus-
gestreckt, um es herauszufinden.

Ich beschloss, das Heft des Handelns wieder in die Hand zu
nehmen. Am Wochenende veranstaltete ich einen »Tag der
offenen Tür«. Ich lud Tante Ursel, Oma Trude, Gundel, Tante Barbara, Opa Horst, den Regierungsrat und seine Anjetraute und natürlich Annelie und ihren Großvater, meinen
märkischen Nachbarn, ein. Ich briet Würstchen und zeigte
meinen Schreibtisch. Ich gab Bier aus und verschenkte einige Exemplare meiner Bücher. Ich nehme an, dass es weniger
an den Büchern als am Freibier lag, aber das ist ja auch ganz
egal: Als in der kommenden Woche der Bäckerwagen vorfuhr, musste ich meinen Kuchen wieder selbst bezahlen.

ICH HAB BRONZE!

Nun komm mal wieder runter«, sagte Anka am Telefon. »Sie ist acht. Ist doch toll, dass sie schwimmen darf!«

»Aber was, wenn sie nachts die ganze Zeit wach liegt?«

»Sie hat noch nie die ganze Nacht wach gelegen.«

»Und wenn sie nun damit anfängt?«

»Dann wird sie ein Buch lesen.«

»Weißt du noch, als sie einmal so lange an meiner Nase gesaugt hat, bis sie blau anlief?«

»Nun hör aber mal auf. Sie ist doch nicht tot!«

Ich legte auf. Mit Verständnis war nicht zu rechnen. Dabei wollte die Rückkehr vom Schwimmlager gut vorbereitet sein. Da die Lehrerin ein totales Kontaktverbot erlassen hatte, war mit dem Schlimmsten zu rechnen. Ähnlich einer Flughafenfeuerwehr, welche die Landung einer beschädigten Maschine flankiert, bereitete ich mich auf die volle Katastrophe von Sophies Ankunft vor.

Ich nahm an, dass sie heulend aus dem Bus steigen würde. Oder war sie zu Tränen gar nicht erst in der Lage? Ob sie von blauen Flecken übersät war oder nur innerlich beschädigt? Ob sie ihre Sprache verloren hatte?

Nichts war unmöglich nach einer vollen Woche Bootcamp, zu dem sich das Lager sicherlich entwickelt hatte.

Ich wurde die Bilder von militärisch gedrillten Aufpasserinnen, sadistischen Schwimmlehrern und einem Schlafsaal voller sich in den Schlummer weinender Findelkinder nicht los.

Folglich hatte ich mich mit entsprechender Lektüre eingedeckt.

Das kindliche Trauma – Ausformung und Verlauf riet dazu, möglichst früh eine psychiatrische Kinder-Notfallambulanz aufzusuchen. Ich hatte mir die entsprechenden Nummern herausgesucht. *Mein Kind, sein Trauma und ich* empfahl hingegen, nichts zu überstürzen und es erst einmal mit emotionaler Sicherung zu versuchen (Nestwärme, Weltruhe, Geborgenheit). Entsprechend hatte ich in Sophies Zimmer die Vorhänge zugezogen und eine rötliche Birne in ihre Lampe geschraubt. Das Zimmer wirkte nun wie ein Terrarium.

Es sollte sich zeigen: Ich hatte mich nicht geirrt. Sowie der Bus vorfuhr, entstieg ihm, mit verschwommenen Bewegungen, ein leichenblasses Kind, das kaum den Kopf hob. Als es mich erkannte, huschte nur das Echo eines Wiedererkennens über Sophies Gesicht. Dann streckte sie die Arme hoch und ließ sich hochnehmen, wie sie es als Vierjährige getan hatte. Sie schmiegte ihre Wange an meinen Hals, dann bewegte sie sich nicht mehr.

So schlimm? Was hatten sie mit ihr gemacht? Ich strafte die Lehrerin mit dem bösesten Blick, zu dem ich in der Lage war.

Na warte, dachte ich. Das wird ein Nachspiel haben!

Meine Wut auf die Landschule war unermesslich.

In Berlin wäre so etwas nicht passiert! Dort gab es Anti-

Mobbing-Konzepte, eine Trauma-Ambulanz und einen Sozialpädagogen für jede Jahrgangsstufe.

In Berlin wurde aufgearbeitet. Nachbereitet.

In Berlin gab es Minderheitenschutz.

In Berlin hatten sie gelernt aus dem Fiasko des Faschismus und seiner Schwarzen Pädagogik!

Eine Achtjährige eine volle Woche in einem Schwimmcamp festzuhalten, ohne ihr die Möglichkeit zu geben, nach Hause zu telefonieren, hätte in Berlin zu einer Anzeige wegen Kindesentführung geführt.

Zu Recht.

»Ist ja gut«, sagte ich immer wieder, »ist ja gut! Du bist jetzt wieder in Sicherheit!«

Sophie hatte offenbar die Sprache verloren. Keine unübliche Reaktion eines Kindes nach einem Schock, wie ich nach der Lektüre der Ratgeber wusste. Mein Hals nässte sich, so sehr weinte sie.

Ich wog ab, gleich in die Psychiatrie zu fahren, entschied mich dann aber dagegen. Zwei Stunden. Das war meine Deadline. Wenn sie so lange nicht sprechen würde, würde ich sie einliefern. Freilich durfte ich sie auch nicht bedrängen, das hatte *Kein Trauma, aber traurig. Seelsorgerische Begleitung kritischer Lebensumstände beim Kind* unterstrichen. Sonst würde sie ganz zumachen und gar nichts mehr von sich erzählen.

Ich ließ das Rad stehen und trug Sophie wie eine kostbare Fracht nach Hause.

»Ist ja gut«, sagte ich nur. »Ist ja gut!«

Zu Hause setzte ich mich mit ihr auf das Bett. Sie glitt mir aus dem Arm und verfiel in eine Embryohaltung. Dann schnarchte sie leise.

Sie – tat was? Schnarchte? Ja, war das denn möglich? Sophie schlief! War offenbar während der wogenden Busfahrt eingeschlafen, auf den wenigen Metern zu mir kaum aufgewacht und gleich wieder eingeschlafen, die kleine Penntüte!

Ich schaltete das psychologisch gedimmte Rotlicht aus und schlich mich aus ihrem Zimmer.

»War's schlimm?«, fragte ich, als sie volle vier Stunden Tiefschlaf später, leise lächelnd und voll verschlafen in die Küche fand.

»Nein, toll! Ich hab Bronze!«

Das war tatsächlich das Erste, was sie berichtete: dass sie das Schwimmabzeichen bestanden hatte.

Ich erklärte meine Erziehung augenblicklich für gescheitert. Bronze! Warum war ihr das wichtig? Sie war acht! Wie hatte sie so früh in diesen Strudel aus Leistungsgedanken und Pflichterfüllung geraten können? Was hatte ich falsch gemacht?

»Das ist ja ganz schön, Schatz«, sagte ich, »aber wie hast du dich denn gefühlt?«

»Na, ich war stolz! Man musste fünfzehn Minuten schwimmen, aber das Wasser war gar nicht kalt –«

»Sophie, Süße, ich meinte nachts, zum Beispiel, in dem dunklen Schlafsaal –«

»Schlafsaal? Wir hatten ein Doppelzimmer. Mit Dusche. Ich war mit Jasmin auf einem Zimmer. Sie will uns mal besuchen, wenn sie darf.«

»Aber wie war das, als du nicht schlafen konntest, so ganz allein?«

»Ach, weißt du, wir waren immer so müde vom Schwimmen.«

»War der Schwimmlehrer so fordernd? Das musst du nicht auf dich beziehen. Schwimmlehrer sind oft etwas – brüsk.«

»Also, eigentlich war es eine Schwimmlehrerin. Und die war total lieb. Sie hat immer so kleine Gummibärchen-packungen ins Wasser geworfen, und alle, die wir gekriegt haben, durften wir behalten!«

»Ich bin so glücklich, dass du zurück bist, Süße. Hast du mich auch vermisst?«

Sophie grinste. Legte den Kopf schief.

»Na ja, Papa – «

»Ein kleines bisschen?«

»Papa – «

»Gar nicht?«

»Es war immer so viel los. Aufstehen und schwimmen und spielen und essen und so. Aber wenn mir mal langweilig geworden wäre, hätte ich dich bestimmt auch ein bisschen vermisst.«

Ich beobachtete sie noch einige Tage genau. Ging sie anders? Verhielt sie sich anders? War ihre Sprache eine andere geworden?

Es wäre nicht das erste Mal, dass sich ein Trauma nicht sogleich manifestierte. Das Vollbild eines Traumas, das konnte dauern, bis es zutage trat. So lange hieß es aufmerksam und einfühlsam sein.

Und tatsächlich! Sophie war eine andere geworden. Traf sie auf der Dorfstraße auf Tante Barbara oder Oma Trude, grüßte sie auf einmal! Sprach mein märkischer Nachbar sie an, antwortete sie sogar. Ich hörte nicht, was sie sagte, von meinem geheimen Beobachtungsposten aus. Aber ich sah, dass mein märkischer Nachbar lachen musste. Dass er Sophie auf die Schulter klopfte!

Als ich am folgenden Abend Besuch aus Berlin bekam, den Sophie noch nicht kannte, ging sie einen Schritt auf das Paar zu, streckte die Hand aus und sagte: »Hallo, ich bin Sophie. Ich hab Bronze!«

Was war da los?

Ich wollte nicht den Fehler machen und allzu schnell Entwarnung geben, das hatten alle drei Ratgeber für fatal erklärt. So ein Trauma war nicht so laut wie das traumatisierende Erlebnis! Da musste man weiterhin sehr behutsam sein!

Am nächsten Montag das nächste Wunder. Während ich Sophie montagmorgens normalerweise jedes Kleidungsstück einzeln hatte anziehen müssen, damit sie rechtzeitig zur Schule kam, hatte sie sich einfach eine Kleiderstraße zurechtgelegt, die sie nun selbstständig anzog.

Dann! Schmierte! Sie! Sich! Selbstständig! Ihr! Pausenbrot!

Das machte mich endgültig fertig. Das war in ihrem gesamten, zugegebenermaßen noch nicht allzu lange währenden Leben nicht geschehen.

Als ich unsere beiden Räder aus dem Schuppen holte, winkte sie nur ab.

»Papa, ich kenn doch den Weg! Ich kann ab heute alleine fahren!«

Ich muss gestehen, dass ich an diesem Morgen in der Schule anrief. Und erst als mir eine belustigte Schulleiterin bestätigte, dass Sophie »jestriejelt und ohne Kettenöl uff die Pfoten«, wie sie sich ausdrückte, im Schulhaus erschienen war – erst da warf ich alle drei Trauma-Ratgeber in den Müll.

DAS WURFZELT

Landvater sein, damit verhält es sich ähnlich wie mit einem Dispokredit. Erst braucht man nur ein wenig Geld, und schon sitzt man in der Falle: Zinsen, Zinseszinsen, Rückzahlungsziele, Pfändungen. Am Ende Zwangsversteigerung und Privatinsolvenz. Auch das Landvatersein bringt eine endlose Folge an Verkettungen und Verpflichtungen mit sich, die geradewegs ins Unglück führen können.

Na gut, das Häuschen, das kaufe ich noch, sagt man sich. Okay, der kleine Pool da, der muss natürlich sein. Ja, richtig, das Hudora-Trampolin ist heutzutage ja unterster Standard (»Was, nur die Viermeter-Durchmesser-Variante?«). Und meinetwegen, den Kletterturm im Seeräuberstil, da finden wir schon noch Platz für, hinterm Schuppen.

So ein Kind ist ja etwas Wunderbares. Es dient als Ausrede, all die Dinge zu kaufen, die man ohne Kind natürlich niemals kaufen würde.

Manche gehen nur ihrer Kinder wegen zu McDonald's. Andere fliegen nur ihrer Kinder wegen in die USA. Ich wiederum gehe nur meiner Tochter wegen in den Baumarkt. Nicht dass hier der Eindruck entstünde, ich hätte ein irgendwie geartetes Konsumbedürfnis! Trampolin, Planschpool, Seeräuberturm: alles und ausschließlich für Sophie gekauft! Rasenmäher? Na, sicher. Aber nur, damit Sophie auf dem Rasen Ball spielen kann. Nochmals in aller Deutlichkeit: Es macht mir nicht die geringste Freude, im Baumarkt eine Vollplastik-Sanduhr für den Heim-Strand zu kaufen (Sandkasten war gestern). Ich mache das alles nur für mein Kind.

Als dann alles stand, der Outdoor-Kicker, die Sprossenwand und die Tischtennisplatte, das Schaukeltuch und der Kletterdschungel, und ich durch unseren Privatfreizeitpark spazierte, registrierte ich etwas Überraschendes: In dem Park befand sich kein Kind! Er war vollständig verwaist! Ich suchte unter der Netzschaukel und unter dem kleinen Lernbeet, doch siehe da, auch hier: kein Kind!

Während in den kommenden Wochen die ersten Seeräuber-Planen einrissen und die ersten Segelschiff-Hölzer Moos ansetzten, stellte sich heraus: Sophie spielte ausschließlich auf der Dorfstraße. Da war es spannender. Aus einem einfachen Grund: Auf der Dorfstraße spielte, neben Annelie, auch ein Rudel Dorfkinder. Da wollte Sophie natürlich dazugehören. Ohne jedes Spielzeug. Der Kapitalismus hatte auf ganzer Linie versagt!

In den kommenden Wochen verscherbelte ich die Klettergerüste im Internet. Sie gingen ausschließlich an Stadtrandväter mit kleinem Gärtchen. (Landväter kauften so etwas nicht.)

Landväter gingen stattdessen mit ihren Kindern zelten. Immer. Überall. Es schien, als hätten sie allesamt keine Betten. War es Wochenende und man lief einen beliebigen Feldweg entlang, stand mit Sicherheit ein Zelt an seinem Rand. Im Zelt: ein patenter Landvater mit glücklichem Landkind.

Ein, zwei Mal hielt Sophie dem Anblick kommentarlos stand. Doch dann kam es, wie es kommen musste.

»Papa, ich will auch mal mit dir in ein Zelt!«

»Wir haben aber keins«, sagte ich.

»Und warum kaufen wir keins?«

»Weil du mit allem, was ich dir kaufe, nicht spielst.«

»Annelie geht jedes Wochenende zelten. Mit ihrem Papa. Sie haben ein Zelt, das ist so groß, dass man sogar drin stehen kann!«

Ich spürte: Das nahm eine ungute Wendung.

Zelten – war das nicht etwas, was früher oder später in einem totalen Desaster endete? Die Heringe stießen zuverlässig gegen einen Stein und bewegten sich keinen Zentimeter tiefer in den Boden. Die Zeltstangen waren immerzu verbogen. (Oder fehlten komplett.) Und diese glasfaserverstärkten Biegestangen, die sie dann auf einmal alle hatten, führten ein seltsames Eigenleben.

In den kommenden Tagen betonte Sophie, wie spannend Annelie ihre letzte Zeltübernachtung gefunden habe. Wie leicht Annelies Vater das Zelt aufgebaut hatte. Das überraschte mich nicht, bei der praktischen Veranlagung dieser Outdoorwunder, als welche sich die Väter ihrer Klassenkameradinnen entpuppt hatten.

Hatten ihre Töchter Hunger, schossen sie ihnen schnell einen Vogel. Hatten sie keine Streichhölzer fürs Lagerfeuer dabei, nutzten sie eben Reibestöckchen und Reisig. Hatten sie sich verlaufen, nahmen sie geschwind die Ellenlänge mal der Baumhöhe in Abhängigkeit der Tageszeit und subtrahierten (in der nördlichen Hemisphäre) die Differenz des eigenen Wurfschattens im Verlauf von fünf Minuten. Wusste doch jeder! Und flugs fanden sie wieder raus aus dem Wald!

Ich stand vor folgendem Problem: Mein Kind wollte zelten, doch ich war zu doof dazu. Keinesfalls durfte ich in der Landschaft stehen und eine Anleitung lesen, um ein neu gekauftes Zelt aufzubauen. Führen Sie das Abstützseil C durch den Schnellspanner E und fixieren Sie es mit einem doppelten Palstek? Undenkbar. Den Kopf im Zelteingang versteckt? Die Plane wie einen flatternden Geist um mich aufgebauscht, während ich Sophie mit der Zeltstange das Auge ausstoße? Was das allein im Krankenhaus für Ärger geben würde! »Wie, beim Zeltaufbauen?« »Wie, der eigene Vater?«

Ein klarer Fall, um mir eine Ausnahmegenehmigung zu erteilen. Eigentlich hatte ich das Googeln einstellen wollen. Googeln, das gehörte doch in die Sphäre der Stadtväter, oder nicht? Das war ja das Schöne hier draußen, hatte ich gedacht: dass es sich auch ganz ohne Google leben ließ! Nun aber, im sogenannten echten Leben, kam ich kaum einen Tag ohne Online-Ratgeber, Lifehacks und Youtube-Videos aus. Ich hatte einen Deal mit mir abgeschlossen. Einmal googeln pro Woche. Mehr nicht.

Zerknirscht rief ich die Seite auf.

Ich musste nur die drei Buchstaben »z«, »e« und »l« eingeben, als ich gefragt wurde, ob ich nicht vielleicht nach einem »Wurfzelt« suche. Ich war perplex. Google war schlauer als ich! Google wusste die Antwort, während ich noch nicht einmal die Frage kannte.

Jedem Landvater, der ohne Zeltaufbau zelten gehen möchte, kann ich Google rundum empfehlen. Nur zu gerne vertraue ich Google mein ganzes Leben an, wenn ich dafür auf die Idee eines Wurfzeltes gebracht werde. Ich bejahte den Suchvorschlag und sah mir ein Werbevideo an. Noch bevor das in die Luft geworfene Zelt den Boden berührte, war es aufgebaut. Ganz von allein! Ich spulte zurück. Wieder warf der Mann das Zelt in die Luft, wieder baute es sich selbstständig auf. Wie großartig war das denn! So etwas brauchte ich auch. Und der Mann verzog keine Miene. Wie ein cooler Landvater eben. Das Aufbauen eines Zeltes rang ihm keinen Fluch ab. Es endete nicht einmal im Desaster.

Zack. Warenkorb. Gekauft.

Frohen Mutes brachen Sophie und ich einige Tage später zum Zelten auf. Selten hatte ich mich für eine Exkursion derart gut vorbereitet gefühlt. Würde die Nacht anbrechen, wäre nichts zu tun, als das Zelt in die Luft zu schmeißen. Sophie hatte eingepackt, was ihr in den nächsten vierundzwanzig Stunden unverzichtbar erschien (Dracula-Zahneinsatz, Kirschlollis). Tiefenentspannt und aller Sorgen beraubt, radelten wir durch eine Reklamelandschaft voller Schmetterlinge, kreuzender Rehe und Blütchen am Wegesrand. Hier noch ein Lurch, dort noch eine Echse, da noch ein Fasan. Wir rasteten unter Schatten spendenden Eichen, netzten unsere Füße in den Entwässerungsgräben und lutschten eifrig Kirschlollys.

Landvater musste man sein!

»Warum wird Abendrot rot?«, fragte Sophie auf einmal beim Radeln.

»Weil es sonst Abendgrün hieße?«

»Mensch, Papa. Du mit deinen dummen Witzen.«

»Na gut, irgendwas mit Staubteilchen?«

»Nein. Wenn die Sonne untergeht, hat das Licht einen ganz langen Weg, bis es bei uns ist. Dabei wird das Licht aufgeteilt. Das blaue Licht verschwindet, und das rote bleibt übrig. Hast du das nicht gewusst?«

»Du findest nicht wirklich, dass das erklärt, warum abends das Licht rot wird?«

»Doch, hab ich doch grad erklärt!«

Still vermerkte ich: Wenn es das war, was sie hier lernten, sollte ich vielleicht mal einen Gesprächstermin mit der Schulleiterin ausmachen.

Doch als sich die Sonne immer weiter dem Horizont zuneigte (und immer röter wurde), hatte ich andere Sorgen. Ich hatte vergessen, den Zeltaufbau zu üben. Dabei war bekannt, dass Dinge, die im Internet im Handumdrehen funktionieren, im echten Leben gar nicht funktionieren. Auf dieser Diskrepanz fußte ein ganzer Wirtschaftszweig: das Neurolinguistische Programmieren, besser bekannt als »Hotline«.

»Papa?«

»Mh?«

»Radeln wir die ganze Nacht durch?«

»Nur noch ein Kilometerchen, Schatz.«

»Ich will jetzt endlich das Zelt aufbauen.«

»Och? Schon das Zelt aufbauen? Ist doch noch früh!«

Es war zugegebenermaßen fraglich, ob der Zeltaufbau einfacher würde, indem ich ihn künstlich hinauszögerte –

und doch wiederholten wir den Dialog noch einige Male. Währenddessen ließ sich nicht mehr leugnen, dass es schon ziemlich dunkel war. Das Fortkommen auf dem steinigen Feldweg gestaltete sich zunehmend schwierig. Die Schlaglöcher waren kaum noch zu umkurven. Eine Entscheidung musste her. Mutig und selbstbewusst. Im Landvaterstil.

Mit einer einzigen, wortlosen Handbewegung brachte ich unsere kleine Vater-Tochter-Karawane zum Halt. Um uns legte sich im letzten Abendlicht der Staub. Ich gab eine Erklärung ab, warum wir soeben den perfekten Nachtplatz gefunden hatten: keine Bäume wegen der Blitze, keine Mulden wegen der Überschwemmungen, kein Reisig wegen der Buschbrände!

Die Landväter aus Sophies Klasse hätten es nicht besser gemacht.

Dann nahm ich das Wurfzelt vom Gepäckträger. Ich schüttelte es ein wenig, wiegte es hin und her. Dann gab es kein Zurück mehr. Ich öffnete den Reißverschluss. Warf das Zelt in die Luft. Und dann das Wunder! Exakt wie im Internet! Vor mir stand ein fertiges, wohnliches Zelt! Und ich hatte nichts dazu beigetragen, als es zuvor in die Luft zu schmeißen.

»Schau mal, der große Wagen«, sagte Sophie, als wir dicht aneinandergekuschelt im Zelt lagen und durch die Gaze nach draußen blickten.

»Ist das nicht der Orion?«, fragte ich.

»Papa! Den Orion sieht man im Sommer doch nicht!«

»Ist doch egal. Und wenn es Kassiopeia wäre«, sagte ich. »Hauptsache schön.«

»Kassiopeia? Mann, Papa. Kassiopeia ist natürlich da drüben!«

Ich nahm sie in den Arm. Sie verzieh mir meine Unwissenheit und umarmte mich auch – so gut es ihr kurzer Arm zuließ.

Wir verbrachten eine Nacht voller Landromantik. Buhende Eulenvögel. Sanfte Windstöße, die an den Zeltbahnen rüttelten. Das Rauschen der Pappeln hinter dem Feldweg. Dann Nachtstille. Dann Kinderschnarchen. Dann doch ziemliche Rührung.

Auf einmal aber ein Scharren und Grunzen. Wildschweine. Ganz nah. Mein Puls begann sofort zu hämmern. So war das nicht abgemacht! Da, ein zweites Tier auf der anderen Seite des Zeltes. Offenbar wurden wir eingekreist. Ganz urtümliche Sinneswahrnehmung war gefragt: Kamen die Tiere näher? Wurden es mehr? Ich richtete mich auf und horchte. Sophie nuschelte etwas Unverständliches. Hatte sie »Danke, Papa« gesagt?

Unwahrscheinlich.

Dass sich jemand bei einem Vater bedankte, war dieser Tage eher unüblich. Das hatte irgendwas mit der Emanzipation zu tun (Buße fürs Patriarchat), aber auch sehr viel mit den Zwängen des Spätkapitalismus (Dauerstress aller Beteiligten). Aber ich komme vom Thema ab. Vorerst ist nur wichtig: Die Wildschweine kamen nicht näher, verstummten aber auch nicht. Fröhlich scharrten und grunzten sie durch die Nacht.

Und ich lag wach.

Als mich die Morgensonne erlöste und warme, schräg stehende Strahlen in das Zelt schickte, hatte ich so gut wie nicht geschlafen.

Sophie dagegen war topfit. Sie streckte ihre kleinen Arme durch, gähnte einmal kurz, verließ unser Nachtlager und rutschte auf Knien um das Zelt herum.

»Was machst du denn da?«, fragte ich.

»Na, Reisig suchen.«

»Aber wofür, mein Schatz?«

»Für das Frühstück natürlich. Annelies Papa hat immer einen Kocher dabei. Du nicht?«

Ich hatte weder an einen Kocher noch an etwas, was man kochen konnte, gedacht. Wir frühstückten Tütenbrot und Schmierkäsewürfel, dazu gab es Wasser. Sophie beteuerte, das sei für den Anfang absolut okay.

Ich machte mich daran, das Wurfzelt wieder einzupacken. Aber – das hatte ich ja gar nicht bedacht! Wie bekam man das Zelt wieder in die Verpackung? Erneutes In-die-Luft-Werfen schien mir wenig vielversprechend. Ich verdrehte die beiden Stangenringe, sodass sich die Fläche des Zeltes immerhin schon einmal halbierte. In die Packung bekam ich es so aber nicht.

Das war nun wirklich zu dämlich. Sophie bekam schon wieder diesen Blick. Instinktiv griff ich nach meinem Telefon, um mir einen Wurfzelt-Einpack-Lifehack anzusehen, aber wir hatten keinen Empfang.

»Und jetzt?«, fragte Sophie ein wenig zu blasiert für ihr Alter, nachdem ich mich einige Minuten erfolglos abgemüht hatte.

»Nehmen wir es eben aufgebaut mit«, sagte ich, um ein klägliches Maß an Souveränität bemüht.

Und so schoben wir den Weg mehr zurück, als dass wir fuhren, ein volles, aufgestelltes Zelt auf dem Gepäckträger. Man kennt den Anblick aus Amerika, wo ganze Häuser auf Tiefladern an andere Orte verfrachtet werden. Ich muss nicht dazu sagen, dass ich froh war, beim Einfahren ins Dorf nicht meinem märkischen Nachbarn zu begegnen.

Etwas niedergeschlagen schlichen wir in den Hof.

»Mach dir nichts draus, Papa«, sagte Sophie und gab mir doch tatsächlich einen Kuss. »Du lernst ja noch!«

ENDLICH SELBSTVERSORGER

In einem völlig ungewohnten Anfall von Aktionismus hatte ich endlich das Gemüsebeet abgesteckt und umgegraben. War das nicht der Grund, warum wir herausgezogen waren? Damit Sophie lernte, dass die Mohrrüben nicht bei »Bringmeister« im Internet wuchsen? Dass man auch dann überleben konnte, wenn die Telekom mal wieder eine Großraumstörung meldete?

»Im Grunde ist es so«, setzte ich zu einer kurzen pädagogischen Anwandlung an. »Seit die Menschen sesshaft wurden, haben sie gegessen, was vor ihren Dörfern im Acker steckte. Die Zeit, in der man das Gemüse aus Übersee herbeischifft und in Plastik schweißt, ist dagegen nur eine kurze Verirrung!«

»Und jetzt machen wir da weiter, wo sie früher aufgehört haben?«, erkundigte sich Sophie.

»Genau. Wir werden Selbstversorger!«

Ich betrachtete die beiden Samenpackungen in meiner Hand. Mohrrübe »Rodelika« und Radieschen »Eiszapfen«. Was sah vielversprechender aus? Ich riss beide Packungen auf. Was darin zum Vorschein kam, war überraschend kleinteilig. Dünne, braunschwarze Krümelchen. Daraus sollte etwas entstehen, von dem wir satt werden konnten? Ich reichte Sophie die Radieschentüte und machte mich daran, die Mohrrübensamen in die Erde zu bringen.

War das eine Fummelarbeit! Ständig fielen mir die Säm-
chen zwischen den Fingern hindurch. Bald gab ich auf und
schüttelte den Inhalt der Tüte einfach weiträumig ins Beet.
Das war eine uralte Kulturpflanze, kein neumodisches
Zuchtgewächs! Das würde sich ja wohl von allein zu be-
haupten wissen!

Ich überprüfte, wie weit Sophie mit ihrer Pflanzung ge-
kommen war. Beschämt sah ich zu, wie sie jeden i-Punkt-gro-
ßen Samen einzeln aus ihrem Tütchen streichelte, ihm gut
zuredete und ihn unter weiteren Liebkosungen in die Erde
legte. Zugegeben: Süß sah das aus. Aber wir mussten ja auch
noch die Wiese sensen und den Rasen mähen und unsere
ersten Beeren ernten –

»Ähm, Sophie?«, fragte ich vorsichtig.

»Ich will ihnen nicht wehtun!«, erklärte sie. »Du hast
doch gesagt, dass sie wie Schwestern sind.«

»Was? Was hab ich?«

»Na, du hast doch gesagt, dass wir aus der Erde kommen.
Und in den Bäumen sind. Dass wir alle wie eine Familie zu-
sammengehören.«

Ich erschrak. Das war bei ihr angekommen? Dass ihr Vater
ein esoterischer Spinner und Baumumarmer war? Ein Luft-
trommler und Tümpelanbeter? Was war da schiefgegangen?
Eigentlich hatte ich ihr beibringen wollen, dass man auch
ohne Plastik überleben kann. Das war alles. Ganz sachlich,
gewissermaßen.

»Süße, ich glaube nicht, dass die Samen was spüren!«

»Na siehst du? Du weißt es auch nicht genau!«

Da hatte sie natürlich recht. Ich ließ sie gewähren. Som-
mermorgen. Kind im Beet. Samen in der Erde. Irgendwas

berührte das in mir. In der Stadt hatte ich gelernt: Wenn mir so etwas gefiel, war ich ein konservativer Mensch und anfällig für Kitsch. Was aber, wenn das gar nicht stimmte? Wenn unter dem Kitsch das Leben zum Vorschein kam? Wenn das richtige Leben im falschen doch noch zu finden war? Und zwar hier, im Gemüsebeet?

Wir wässerten unsere erste Pflanzung, hielten uns an der Hand und betrachteten voller Stolz das Ergebnis.

Am nächsten Tag war Sophie noch früher wach als sonst, im Morgengrauen schlich sie zum Beet. Wenig später stand sie mit hängendem Köpfchen und kraftlosem Körper am Frühstückstisch.

»Es hat nicht geklappt«, stellte sie fest.

»Sophie. Sie sind noch keine vierundzwanzig Stunden in der Erde!«

»Ja, aber was essen wir dann? Ich esse ab sofort nichts mehr, was in Plastik steckt!«

Na, das hatte noch gefehlt. Warum nahm sie meine Reden auf einmal wörtlich? Offenbar war die Diskrepanz zwischen Reden und Handeln, die uns Erwachsenen so herrlich geläufig war, mit acht Jahren noch nicht zu ertragen.

Irgendwo war ich natürlich auch beeindruckt von ihrer Entschlusskraft. Offenbar wuchs hier eine radikalere Fraktion von Fridays for Future heran, eine Entwicklung, die angesichts des Zustands unseres Planeten in vollem Umfang zu begrüßen war – theoretisch. Nur, wie lösten wir das Problem jetzt praktisch?

Mir kam eine plausible Idee: Warum nicht einfach fertige Gemüsepflänzchen erwerben? Das hatte ich einmal in einer

Reportage gesehen. Dann war die Hälfte der Arbeit schon geleistet. Man brauchte die Pflänzchen nur ein paar Tage zu gießen, und schon wuchsen einem die Zucchini und Melonen in den Mund. Voller Aufregung liefen Sophie und ich zur Gärtnerei am Dorfausgang.

»Wat? Wat wollt ihr? Melonenpflänzchen? Jetze noch? Warum wartet ihr nich gleich, bis Schnee liegt? Ihr habt wohl euer Huhn mitsamt Federn jefrühstückt, oder nee, jetzt hab ick's, schlimmer noch. Am Ende kommt ihr noch – ausser Stadt?«

Wir nickten ertappt.

»Nu is mir allet klar«, sagte die Gärtnerin. Und verpasste uns, aus dem Stegreif, einen Grundkurs im Anbau vorgezogener Gemüsepflanzen (mit der Vorsaat wolle sie uns lieber gleich verschonen): kürbisartige Gemüsepflänzchen wie Gurke, Zucchini und Melone kommen im Mai in die Erde (»nach'n Eisheilijen«), späte Gemüsepflanzen wie Aubergine besser im Juni (»da hamset schön kuschelich«). Was hingegen »jetze noch« gepflanzt würde, gedeihe überhaupt nicht mehr.

»Und Tomaten?«, erkundigte sich Sophie, so eingeschüchtert, dass sie bei der Frage nicht einmal das Köpfchen hob.

»Jar nüscht erst anfassen! Tomaten schön inner Packung lassen, wenn ihr ausser Stadt seid. Tomaten hat noch keen Städter nich jeschafft!«

»Aber unsere Radieschen?«, hakte ich nach.

»Radieschen? Na, die könnt ihr ooch uffer Fensterbank ziehen. Aber mal ehrlich? Radieschen? Also, ick weeß ja nich …«

Ziemlich entmutigt zottelte Sophie hinter mir nach Hause zurück. Mich aber spornte die totale Absage an unseren Erfolg eher an. Wie oft hatte man mir im Leben gesagt, dass irgendetwas unter keinen Umständen gelänge, absolut unmöglich sei und niemals realisiert würde? Und was hatte dann wenige Wochen, Monate oder Jahre später doch immer geklappt?

Jetzt noch ein Häuschen im Grünen finden? Ausgeschlossen!, hatte ich schon vor zehn Jahren gehört. Und dann hatte doch noch dieser herrlich verfallene Resthof auf uns gewartet. *Atomkraft? Absolut alternativlos!* Und dann wurde sie über Nacht abgeschafft.

Das Verwunderlichste aber: Sogar Anka und ich waren glücklich miteinander geworden! Wobei eine glückliche Partnerschaft doch auch zu den Dingen gehörte, die angeblich keinesfalls möglich waren. (Noch dazu mit jemandem wie mir?)

Ich fasste einen Plan. Während Sophie an unserem Beet kniete und die Sämlinge anflehte, schneller zu wachsen, radelte ich nach Cranlow zum Baumarkt. In der Gartenabteilung standen noch einige welke, übrig gebliebene Gemüsepflanzen. Aber, siehe da: Sie trugen bereits Früchte! Es war nichts weiter zu tun, als sie wieder aufzupäppeln und zuzusehen, wie die Früchte größer und süßer wurden. Wenn das nicht ideal war für meine Belange!

Sofort erwarb ich eine gepäckträgertaugliche Restestiege mit Tomaten, Zucchini und Paprika. Wie niedlich die aussahen: fertig mit Stiel, Rundung, Maserung, alles schon da, nur im Maßstab eins zu zwanzig! Voller Elan radelte ich nach Hause und trug die heilige Fracht zu Sophie ins Beet.

Sie warf einen kennerhaften Blick auf die Pflänzchen.

»Das ist geschummelt«, stellte sie fest. »Außerdem sind sie ja halb vertrocknet.«

Sie sah etwas genauer hin. Musste schmunzeln. Verliebte sich dann doch in die Miniaturpaprika und Spielzeugzucchini. Mit energischen Spatenstichen setzten wir die Pflänzchen ins Beet.

Es folgten wiederum gemeinsames Gießen, Betrachten der geleisteten Arbeit, der volle Gärtnerstolz.

Am nächsten Tag dann das Drama. Sophie brach zu ihrer morgendlichen Kontrollrunde auf. War über Nacht endlich etwas gewachsen? Auf einmal ein Schrei. Ich eilte zum Beet, Sophie lag weinend auf der Erde. Wo wir am Vortag Tomaten und Paprika eingepflanzt hatten, ragten noch einige fibröse Stängel und zerrupfte Blättchen aus dem Boden. Den Rest hatten offenbar die Rehe gefrühstückt.

»Kopf hoch, Süße, wir haben doch noch die Möhren!«

Ich sah nach, ob die ersten Keimlinge endlich sprossen. Stattdessen hatte sich eine Ameisenstraße eingefunden. Sorgsam wurde ein Karottensamen nach dem anderen von den Tierchen aus dem Beet geschafft.

Am nächsten Tag wies immerhin die Stelle, an der Sophie die Radieschensamen eingebracht hatte, einen grünlichen Saatflaum auf. Erste, winzige, nur ansatzweise als Blättchen und Stängelchen zu erkennende grüne Triebwunder durchstießen die Erdkruste! Ich war gerührt.

Bye, bye, Lidl, sagte ich mir.

Bye, bye, Tomatenbomber aus Holland!

Tatsächlich reiften in diesem ersten Jahr nur die Radieschen. Und selbst die gerieten sehr holzig. Biss man darauf, hatte man das Gefühl, auf einem Ast zu kauen. Wir sogen den bitteren Saft heraus und spuckten die Fasern zurück ins Beet.

Essen unmöglich.

Und der zweite Schwung fertiger Gemüsepflanzen, den ich in Cranlow dann doch noch fand? Endete auch nicht befriedigender. Es sei denn, man fand Gefallen an ledrigen Tomatenresten, von Schnecken ausgehöhlt, an Zucchini, löchrig wie Schweizer Käse, an Melonen ohne Wurzel und zu Matsch gefressenen Auberginen –

Doch Aufgeben war keine Option.

»Neuer Sommer, neues Spiel!«, sagte ich zu Sophie.

»Dann gehen wir nächstes Jahr nicht mehr zu Lidl?«

»Versprochen«, sagte ich nur.

BEST FRIENDS FOREVER

Einige Tage später hatte ich ein Gespräch mit der Schulleiterin. Sie war jung und gut gelaunt und mir sofort sympathisch.

»Hat sich Sophie denn inzwischen gut eingelebt?«, fragte ich.

»Wir haben jetzt in jedem Klassenzimmer ein Whiteboard!«, antwortete die Schulleiterin. »Kennen Sie ja sicherlich aus Berlin.«

»Ähm, nein. Ich wollte eigentlich nur wissen, ob sich Sophie, also in dem neuen Klassenverband –«

»Nein? Das sind kreidefreie Wandtafeln, die in Kombination mit einem Beamer und einem Computer betrieben werden«, erklärte die Schulleiterin stolz.

Ihre Augen leuchteten, was sie noch mal zehn Jahre jünger machte. Kaum zu glauben, dass sie bereits eine Schule führte.

»Klingt spannend«, sagte ich. »Und wozu ist das gut?«

»Schreiben kann man auf der interaktiven Oberfläche mit dem bloßen Finger oder mit einem Stift ohne Farbe. Das Ergebnis lässt sich dann problemlos in einen PC übertragen, sodass man in der nächsten Stunde daran weiterarbeiten kann.«

»Also haben die Kinder auch einen eigenen PC?«, fragte ich, nicht ohne stille Bewunderung für das Budget dieser Dorfschule.

»Einen Laptop, ja. Also, noch nicht. Ist aber beantragt.«

Wenn ich die Schulleiterin richtig verstanden hatte, konnte Sophie nun entweder etwas mit dem Finger auf ein Whiteboard schreiben, das dann auf einen PC übertragen wurde, um es in der Folgestunde wieder aufzurufen – oder sie konnte etwas mit dem Stift in ein Heft schreiben, das sie in der nächsten Stunde wieder mitbrachte.

Irgendwas sagte mir, dass es doch nicht immer verkehrt war, dass Berlin komplett pleite war.

»Aber wie geht es denn nun Sophie?«, beharrte ich.

»Bestens. Sie verfügt bereits über eine sehr gute Medienkompetenz!«

Ich wünschte der Schulleiterin noch einen schönen Tag. Sie lächelte so herzlich, dass ich mir Mühe geben musste, sie nicht versehentlich in den Arm zu nehmen. Wirklich eine ausgesprochen sympathische Frau. Und das war doch das Wichtigste, für Sophie.

Nun fehlte nur noch eine »ABF«. Eine »ABF«, mit der Sophie »BFF« wäre. Ja, eine »ABFFIUE« musste her! Während ich selbst den Großteil meiner Kindheit allein im Hobbykeller verbracht hatte, um kleine Flugzeuge zusammenzuleimen (Anka: »Na, das erklärt manches!«), war so ein Mädchenleben heutzutage ohne »Aller Beste Freundin Für Immer Und Ewig« ja gar nicht zu denken. Nichts gegen Annelie, aber die war nun einmal zwei Jahre älter und ging nicht mit Sophie in eine Klasse.

»Wenn ein Vater sich in etwas nicht einmischen sollte, dann in die Freundschaften seiner Tochter!«, sagte Anka empört.

»Aber ohne mich wird sie vereinsamen!«

»Nun warte doch erst mal ein paar Wochen. Zu deiner Überraschung hat sie doch sogar das Schwimmcamp überlebt!«

Einerseits stimmte das. Ein Trauma hatte Sophie nicht davongetragen. Im Gegenteil. Es war der reine Ego-Streichler gewesen. Seit ihrer Rückkehr hieß sie nicht mehr Sophie, sondern »Ich-bin-Sophie-ich-hab-Bronze!«

Andererseits hatte Anka leicht reden. Wenn man Kinder in kleine Sonnenscheine und kleine Regenwolken aufteilte, war Anka auf jeden Fall ein Sonnenschein, ich aber eine Regenwolke gewesen. Sie wusste ja gar nicht, wie das war, was Sophie in ihrer neuen Schule sicherlich durchmachte: mit dem Kopf in den Papierkorb gesteckt werden. Pausenbrote in den Ausschnitt gedrückt bekommen. Bis zehn zählen beim Verstecken, und danach waren alle weg.

Also richtig weg.

So ganz weg, dass man dann allein weiterspielen konnte –

»Wie kommst du denn auf so was?«, fragte Anka. »Ich glaube, sie geht ganz gern dahin.«

»Nicht möglich«, erklärte ich. »Es ist eine Schule. Wie soll sie gern da hingehen?«

»Nun gib ihr doch noch ein wenig Zeit!«

Erzählte Sophie, sie hätten in der Pause Fangen gespielt, fragte ich, ob sie auch habe mitspielen dürfen. Sie sah mich völlig entgeistert an. »Hab ich doch grad gesagt!« Berichtete sie davon, dass sie im Hort gemalt hätten, fragte ich, wer neben ihr gesessen habe. »Hä? Ist das wichtig für das Bild?«

Tag für Tag fragte ich, wie Mathe, Sport oder die Puppenspiel-AG gewesen seien, die Antwort lautete immerzu: »Toll.«

Dann Hunger. Dann Annelie. Dann Dorfstraße.

»Habt ihr eigentlich schon mal einen Test geschrieben?«, fragte ich am Abend.

»Ja, klar, warum fragst du?«

»In Deutsch?«

»In Mathe, in Deutsch und einen Vokabeltest in Englisch und einen Test in Sachkunde. Aber warum fragst du?«

»Na – konntest du alles?«

»Glaub schon.«

»Bekommt ihr keine Noten?«

»Doch, klar.«

»Sophie. Nun sag schon. Welche Noten hattest du?«

»Zweimal Eins, zweimal Zwei.«

»Ist doch super, Schatz! Warum hast du das nie erzählt?«

»Du hast ja nicht gefragt!«

Ich gelobte Besserung. Eine volle Woche lang fragte ich nicht nach ihren Freundinnen, sondern nach ihren Schulaufgaben. Natürlich interessierte mich nicht, ob sie subtrahierte oder multiplizierte. Ob sie wusste, was »pencil case« auf Deutsch hieß. Ob sie wusste, dass Brandenburg in Deutschland und nicht etwa Deutschland in Brandenburg lag.

Aber es half: Je weniger ich nach ihren Freundinnen fragte, umso mehr berichtete sie von ihnen. Vor allem von dieser Jasmin. Schon bald hatte ich es raus: Wollte ich etwas über ihre Freundin Jasmin erfahren, musste ich nur nach Sophies letzter Englischstunde fragen.

»Habt ihr schon die Farben durchgenommen?«, erkundigte ich mich etwa. »Was heißt denn zum Beispiel ›gelb‹?«

Und Sophie antwortete: »Ich hab die ganze Pause mit Jasmin Flaschendrehen gespielt!«

Am nächsten Tag fragte ich: »Was ist drei mal acht?«

Antwort: »Jasmin sitzt jetzt beim Essen immer neben mir!«

Eine Woche später wagte ich einen neuen Vorstoß: »Magst du sie nicht mal am Wochenende einladen, deine Jasmin? Zusammen mit ihrer Mutter oder ihrem Vater?«

Das erschien sogar Sophie eine gute Idee.

Am nächsten Tag dann die Überraschung: »Ihr Vater fragt, ob Jasmin auch über Nacht bleiben kann. Er will am Samstag mit Mariann auf ein Konzert.«

»Wer ist denn Mariann?«

»Na, Jasmins Mutter natürlich.«

Ich war völlig perplex. Elternteile, die ihre eigenen Interessen in den Mittelpunkt stellten? Gar gemeinsam etwas unternahmen? Ein – bitte was? – Konzert besuchten? Am Ende liebten sich die beiden gar? So etwas hatte es in Berlin nicht gegeben. In Berlin verschob sich der Fokus mit der Empfängnis achtzehn Jahre aufs Kind. Niemand – schon gar kein Vater – traute sich so lange, seine Bedürfnisse zu artikulieren.

Das galt als verpönt.

In Berlin wurden achtjährige Kinder schon mal gefragt, ob sie in den Ferien lieber in die Türkei oder nach Schweden fliegen wollten. Nicht selten legten sie auch die Fluglinie, das Hotel und die Dauer des Aufenthaltes fest. (War dem Nachwuchs im Anschluss an den Tauchurlaub in Hurghada noch nach einem Trip auf die Seychellen, wurde auch dieser gebucht.)

Ich nehme an, es lag am schlechten Gewissen. So recht passte ein Kind nun einmal nicht nach Berlin. Also musste die Umgebung per Buschtrommelkurs, Kinderballett und Kunstschwimmgruppe angepasst werden.

Eine Landkindheit dagegen verlief eher so nebenher. Der beste Spielplatz lag ja ohnehin vor der Tür. Und nun wagten es Mariann und Rick auch noch, ihr eigenes Leben weiterzuleben? Ja, was denn! Am Ende schliefen die beiden noch miteinander! Ich war verstört. Wie selbstbewusst war das denn! Wie abseits jeder Norm!

Ich bereitete mich auf die Erstbesichtigung vor. Was bei der Erstbesichtigung durch einen fremden Elternteil geschehen würde, kannte ich aus Berlin. Peinlich genaue Inaugenscheinnahme der Wohnung. Beiläufiges Abklopfen der wichtigsten Themenfelder, vor deren Klärung sich die kleine Prinzessin keinesfalls in einer fremden Wohnung aufhalten durfte. (Politische Ausrichtung des gastgebenden Elternteils? Ernährung biologisch-dynamisch? Gesamtwerk von Astrid Lindgren vorhanden?) Dann besonders genauer Blick in Schlafzimmer (getrennte Betten?) und Küche (ein offen herumliegendes Messer konnte zum sofortigen Entzug des Kindes führen). Schließlich Blick ins Bad: War die Kosmetik allesamt von Weleda?

Entsprechend fegte ich die Stube und richtete die obligatorische Erstbesichtigungstafel. (Hafermilch nicht vergessen!) Von Sophie lieh ich mir einen Fantasieschmuck, der wie ein Ehering aussah. Ich legte Kartenspiele im Garten aus und kämmte mir das Haar. Während Sophie völlig weggetreten den siebenunddreißigsten Band Harry Potter las, war ich aufgeregt. Freilich verbat es sich, ein kleines Beruhigungsschlückchen zu nehmen. Kein Alkohol mit fremdem Kind im Haus!

Endlich fuhr ein Kombi vor. Darin saßen nicht nur Jasmin und ihr Vater, sondern auch ihre Mutter. Offenbar wollten beide Elternteile mit eigenen Augen überprüfen, wo Jasmin nächtigen würde. Ich meinte nicht, die beiden am See gesehen zu haben, ihn Kinder werfend, sie Picknick richtend, aber ich war mir nicht sicher. Jedenfalls bestand ein so großer Altersunterschied zwischen mir und Jasmins Mutter, dass es herablassend gewesen wäre, sie zu duzen.

Die kleine Jasmin stand in der Hofeinfahrt und schwieg und guckte zu Boden. Sie war blond und mollig und still. Na, das konnte ja anstrengend werden!

Doch im nächsten Moment entdeckte sie Sophie, da lächelten die Mädchen und verschwanden leise plaudernd im Hof: »Das ist mein Sandkasten, und das ist mein Kater, und das ist mein Trampolin.«

»Hast du auch einen Kletterbaum?«, fragte Jasmin.

Irritiert stellte ich fest, dass nur Jasmins Vater, nicht aber ihre Mutter aus dem Auto ausgestiegen war. Hatte sie bereits einen Fehler entdeckt? Nahm sie ihr Kind gleich wieder mit?

»Sie wollen sicher noch einen Kaffee mit uns trinken?«, sagte ich zur Begrüßung.

»Also so alt sind wa denn ooch wieder nich. Ick bin der Rick.«

»Und ick die Mariann«, kam es aus dem Auto. Wow, dachte ich. Was für eine volle, tiefe Radiosprecherinnenstimme!

»Ähm sorry, ich meinte nur –«

»Wir holen se denn morjen wieder ab«, kürzte Rick das Geplänkel ab. Während seine Frau ein wenig mollig war wie ihr Kind, war Rick sehnig und dünn.

»Ihr wollt euch nicht umsehen?«

»Nee, kenn wa schon.«

»Äh –?«

»Dit Haus. Kenn wa schon. Ham früher Holters drinne jewohnt. Brauchen wa nich ankieken.«

»Na schön, wo ist denn ihr Kuscheltier?«

»Wat? Wat haste jesacht?«

»Ähm – ich meinte, wann geht sie denn ins Bett?«

»Wenn se müde is, würd ick mal sajen.«

»Um acht?«

»Du, sorry«, sagte Rick und machte eine beschwichtigende Handbewegung. »Aber wir müssen jetze los. Dit Konzert is in Berlin!«

»Können ja nen andermal plaudern«, rief Mariann mir durchs heruntergelassene Fenster hinterher.

Wahnsinnsstimme, dachte ich noch. Und weg waren die beiden. Sie hatten beste Laune verbreitet. Man konnte nicht anders, als sie sympathisch zu finden. Mariann und Rick. Auf dem Weg zum Date in Berlin. Ich war fasziniert. So also machte man das auf dem Land, wenn die Liebe ein Kind überdauern sollte! Man gab das Kind ab und fuhr gemeinsam zum Konzert!

So langsam begann ich, etwas zu begreifen.

Ich erinnerte mich an meinen Freund Bela (aus Friedrichshain-Kreuzberg). Er lebte in permanenter Sorge, sein Sohn Maximilian könne den Anschluss verpassen. (Damit war der Anschluss an den Weltmarkt gemeint.) Bot die eigene Schule Spanisch, Englisch und Russisch an, gab es an der Schule im Nachbarkiez bereits einen Rhetorikkurs. Zack, Schulwechsel. Dort aber weigerte sich die Lehrerin, Maximilians Hochbegabung anzuerkennen. Zack, Schulwechsel.

Da die neueste Schule nun schon eineinhalb Stunden vom Wohnort entfernt lag, wurde es leider für das »Malen nach Triangelklängen« knapp. Zack, Kauf einer eigenen Triangel. Zack, triangelnder Bela. Maximilian malte dazu frühreife Kunstwerke, die schon »eine ganz eigene Handschrift erkennen ließen«. Nach Schach-AG und Thai-Häkeln dann schnell ins Naturkundemuseum (Sonderausstellung über Beschneidungsrituale auf Samoa). Abends Erdnuss-Hühnchen in Bio-Saté-Soße. »Können Sie mir bitte die Liste mit den Zutaten bringen? Der Maxi verträgt leider keine Lupinen!« Mit diesem beinahe sprichwörtlich gewordenen Satz eröffnete er jede seiner Bestellungen.

»Und wie geht es eigentlich Julia?«, hatte ich Bela neulich mal wieder gefragt.

»Wir haben uns inzwischen getrennt.«

DIE FREUNDINNEN-
ÜBERNACHTUNG

Da Anka wegen einer sogenannten Familienangelegen-
heit im Süden weilte, lautete meine neue Aufgabe: Ge-
stalte ein aufregendes Wochenende für zwei Achtjährige.
Die kleine Jasmin sollte Sophie (und mich) in bester Erinnerung behalten.

Für den Nachmittag hatte ich den Besuch eines kleinen
Wildgeheges vorgesehen, am Abend stand das Lagerfeuer
mit Stockbrot auf dem Programm, am folgenden Morgen
dann die Rundfahrt mit der Pferdekutsche. Zum gemein-
samen Kennenlernen hatte ich ein von Pädagogen empfoh-
lenes Rollenspiel gekauft.

Doch daraus wurde nichts. Überraschenderweise sah ich
die Mädchen bis zum Abend nicht wieder. Hin und wieder
flitzte Sophie mit hochrotem Kopf in die Küche und holte
Saftschorlen und Brotstullen für sich und ihre Freundin ab,
dann machten sie wieder das Gelände unsicher. Ob ich das
Rollenspiel noch zurückschicken konnte?

Schon bald folgte die nächste Überraschung: Am Abend,
als ich das Feuer anzünden wollte, waren Scheite und Reisig
schon gerichtet! Sophie und Jasmin schleppten Teller und
Besteck nach draußen und breiteten mitten im Feld eine
Picknickdecke aus.

»Sie müssen nur noch anzünden«, sagte Jasmin.

»Gefällt es dir hier denn?«, fragte ich.

Sie sah mich völlig verdattert an. »Wieso? Sind wir zu laut?«

»Nein, gar nicht. Ich meinte nur, geht es dir gut?«

»Ob ich krank bin?«

»Nein, nein, aber ist alles in Ordnung bei dir?«

»Was will er?«, flüsterte Jasmin zu Sophie, aber die winkte nur ab.

»Ich meine nur, weil deine Eltern ja nicht da sind.«

Sie begriff es wirklich nicht. Ich wechselte das Thema und fragte, was sie essen wolle. Ich hatte Fleisch gekauft, aber auch vegetarische Bratlinge, Ketchup mit und ohne Zucker und natürlich Mayonnaise sowie helles und dunkles Brot, Toastbrot sowie Knäckebrot mit und ohne Sesamkörner, man konnte ja nie wissen. Ach ja, und Frischkäse. Das ging immer, selbst bei den schlimmsten Berliner Fällen: Toast mit Frischkäse aßen sogar die Kinder aus Prenzlauer Berg.

»Magst du Würstchen?«, fragte ich vorsichtig. Hoffentlich hatte ich nicht die falsche Sorte gekauft.

»Klar.«

»Oder lieber ein kleines Steak?«

»Auch gut.«

»Hell oder dunkel gebraten?«

»Ist beides gut.«

Ich war völlig fertig. Was war denn das für ein Kind? Irgendwas sagte mir, dass es nicht zielführend wäre, danach zu fragen, ob Jasmin Ketchup mit Zucker oder mit Süßstoff bevorzugte.

Ich gab ihr, ein bisschen gehässig, einen dicken Klecks Senf auf den Teller.

»Mhm, Bautzner«, sagte sie. Und dann kaute und aß sie, bis auf ihrem Teller nichts mehr übrig war. Im Anschluss bedankte sie sich.

Ich war sprachlos. Das Kind war acht. Es aß Senf. Der in Berlin unter Kindern absolut gängige Satz »Ich esse nur Cranberrys, keine Rosinen« schien Jasmin völlig unbekannt. Was war da nur los? Erst langsam, als sich die kichernden Stimmen der beiden Mädchen wieder hinter dem Birnbaum entfernten, ging es mir auf. Es war ein Landmädchen!

Und für die Erziehung meiner eigenen Tochter stand mir noch eine Menge Arbeit bevor.

»Ist das okay, wenn wir unterm Trampolin schlafen?«

»Aber wir wollten doch noch ins Wildgehege!«, sagte ich.

»Wohin?«, fragte Jasmin.

»Ins Wildgehege«, erklärte Sophie. »Da kann man Rehe angucken.«

»Rehe? Hä? Die stehen doch gleich hinterm Haus?«

Das Wildgehege war mit diesem vernichtenden Satz gestrichen. Als Nächstes war zu beobachten, wie zwei emsige Mädchen Decken und Matten aus dem Haus unter das Trampolin schleppten und sich eine heimelige Höhle aus Brettern, Stöcken und Tannenzweigen bauten. Als es dämmerte, jagten sie sich wie kleine Gespenster mit Taschenlampen über den Hof.

Ich postierte mich in der Küche, spähte hin und wieder aus dem Fenster, blieb aber ganz entspannt. Keinesfalls würde Sophie allein draußen übernachten. Da gab es dunkle Tannen, buhende Eulenvögel und Hundegebell. Ich wartete einfach ab und las ein Buch. Doch nach einiger Zeit geschah, was ich aus Berlin kannte: Ich kam nicht eine Seite voran. Absatz für Absatz las ich doppelt. Was trieben die beiden da draußen? Es dunkelte schon langsam. Hatten sie immer noch keine Angst?

Alles, was zu mir ins Haus drang, waren Quieken, Rufe und Gelächter.

Ich benötigte dringend einen Vorwand, um nach dem Rechten zu sehen. Also kochte ich Kakao auf und trug ihn nach draußen. Stille. Ein Käuzchen. Eine schöne, milde Nacht.

»Wollt ihr nicht langsam wieder reinkommen?«

»Ich dachte, wir dürfen draußen schlafen?«

»Ja, aber es wird doch schon dunkel! Es ist keine Schande zurückzukommen.«

»Was meint er mit Schande?«, erkundigte sich Jasmin bei Sophie.

»Weiß auch nicht. Aber danke für den Kakao!«

Ich trat den Rückzug an. Das Lachen und Prusten, Kichern und Kitzeln währte die halbe Nacht und beschallte den Hof mit einer Lebensfreude, die mir gefiel. Irgendwann gab ich auf und schlief ein. Am Küchentisch. Als ich später in der Nacht nochmals nachsah, waren die Taschenlampen ausgeschaltet. Die beiden lagen, ordentlich zugedeckt, Seite an Seite gekuschelt, in ihrem Nachtlager. In friedlichstem Schlaf.

Am Morgen verkehrte sich etwas. Was am Vorabend nicht ins Bett gefunden hatte, fand nun nicht mehr heraus. Dabei begann die Kutschfahrt schon in zwei Stunden! Es blieb mir nichts übrig, als die beiden zu wecken. Verschlafen und maulfaul, aber irgendwie auch zufrieden schaufelten sie ihre Schokocornflakes (Ausnahme, um uns bei Jasmin beliebt zu machen) in sich hinein.

Der Pferdehof lag nur zwei Kilometer außerhalb des Dorfes. Auf dem Weg dorthin schliefen die beiden beinahe im Gehen ein. Als sie die Pferde sahen, zog noch mal ein kurzes Leuchten über ihre jungen Gesichter. Doch kaum saßen sie auf dem Planwagen, blickten sie wieder müde in die weite Landschaft. Ich genoss die endlosen Felder und die schmalen Alleen, den weiten Himmel und die kleinen, alten Brücken, über die wir rumpelten. (Ein klein wenig hatte ich mich auch selbst beschenkt.)

»Wie gefällt euch die Kutschfahrt?«, fragte ich. Doch im gleichmäßigen Geholper der Kutsche waren die beiden schon eingeschlafen.

»Und, Schatz, wie fand es deine Jasmin?«, fragte ich, als ich Sophie am Montag von der Schule abholte.

»Schön, aber –«

»Ja, was denn, mein Schatz?«

Sophie druckste ein wenig herum.

»Will ich nicht sagen.«

»Musst du aber. Sonst gibt es kein Eis.«

»Also, es hat ihr schon gefallen, aber –«

»Ja?«

»Ich glaub, du warst ihr ein bisschen peinlich«, sagte sie.

Zwei Wochen später waren Mariann und Rick dran. Ich brachte Sophie mit dem Fahrrad vorbei, gab acht, dass ihr Kuscheltier nicht allzu auffällig aus dem Rucksack schaute.

Ich verkniff mir, Sophie ein Handy mitzugeben, und bat auch nicht darum, das Haus anzusehen. Immerhin war ich schon einige Wochen in die Lehre gegangen.

»Halt die Ohren steif«, sagte ich nur.

Keine Ahnung, wie ich auf den altmodischen Ausdruck kam. Aber die Lockerheit, die ich damit behauptete, war offenbar so schlecht gespielt, dass alle zu lachen begannen.

Mariann. Rick. Jasmin. Und auch Sophie.

»Kriegst se schon heil zurück«, sagte Mariann und nahm mich zum Abschied doch glatt in den Arm.

Verwirrt brach ich auf.

»Und, wie war's?«, fragte ich, als ich Sophie am nächsten Tag abholte.

»Toll.«

»Was habt ihr gemacht?«

»Na, nichts.«

»Aha. Und wie war das?«

»Toll, Papa. So richtig, richtig toll!«

Glaubst du, er kommt noch?«

»Natürlich, mein Schatz.«

»Du hast doch gesagt, hier draußen ist alles besser. Warum kommt dann kein Bus?«

»Also, ich sitze eigentlich ganz gern hier mit dir.«

»Du hast ja auch nichts zu tun!«

Ich hatte es geahnt. Die Meinung der anderen war doch nicht spurlos an Sophie vorübergegangen. Und ich konnte sie ja sogar verstehen. Ein Vater, der sich unters Dach zurückzog, um auf einer Tastatur kleine Buchstaben anzutippen, fand bei einer Achtjährigen keinerlei Achtung. Warum war ich nicht Lokführer geworden? Oder wenigstens Metzger?

»Wie meinst du denn das?«, fragte ich vorsichtig.

»Na, du schreibst doch nur Bücher!«

Es klang wie: Du klebst doch nur Tüten! Jedenfalls nach einer Arbeit, für die sich andere zu fein waren und für die es keinerlei Fähigkeiten bedurfte. Ich wollte gerade ein wenig einschnappen, aber dafür sah Sophie leider zu niedlich aus.

Dieses Problem kannte ich aus anderen Zusammenhängen. Wann immer ich Sophie einmal zurechtwies, vollzog ihr junges Gesicht eine beeindruckende Metamorphose.

Augen geschlossen. Mund in die volle Breite gezogen. Unterlippe mehrere Zentimeter geschürzt. Dann tonloses Weinen. Dann Schluchzen.

Sobald die kleine Kinderlippe zu beben begann und erste Tränen von den Wangen liefen, war es um mich geschehen. Weitere Erziehungsvorstöße unmöglich.

Was sollte nur werden aus einem Kind, das seinen Vater so sehr in der Hand hatte?

Eine Tyrannin?

Und was, wenn mein märkischer Nachbar meiner Schwäche auf die Schliche kam?

»Sind deine Bücher denn wenigstens gut?«, nahm Sophie unser Gespräch wieder auf.

»Ooch, ähm –«

»Nun sag schon.«

»Manche finden sie gut, manche nicht.«

»Dann sind sie also nicht so gut«, stellte Sophie fest.

»Schatz, es gibt kein Buch, das allen gefällt!«

»Warum nicht?«

»Weil alle Leser verschieden sind.«

»Tut mir leid, dass die Leute deine Bücher nicht mögen.«

»Sophie. Nun hör schon auf damit.«

»Wettlauf?«, fragte sie.

»Wer als Erster an der Brücke ist«, sagte ich.

»Dann los!«

Wir rannten, wir hatten die Straße für uns. Kein einziges Auto kam vorbei. Ein Bus sowieso nicht. Ich führte mehrere Körperlängen vor Sophie. Doch kurz vor der Alten Oder ließ ich sie gewinnen. Sie freute sich riesig, es gelang ihr nicht, das zu kaschieren. Um zu kaschieren, was sie fühlte, war sie noch einige Jahre zu jung.

Zum Glück.

»Wollen wir nach Hause?«, fragte ich, als wir die Bushaltestelle wieder erreichten.

»Ja. Ich glaub, es kommt keiner mehr.«

JOGGEN UND DOGGEN

Sophie wollte nur noch Abenteuer erleben. Abenteuer am Morgen, Abenteuer am Mittag, Abenteuer am Abend. »Abenteuer« und »Landleben« – das gehörte für sie fest zusammen. Das ist ja immer interessant, was Kinder so miteinander verbinden. Zum Beispiel gehörten seit unserem Umzug aufs Land »Jungen« und »Volltrottel« zusammen. (In Berlin unterschieden sich Jungen und Mädchen dagegen noch nicht.) Auch zwischen der Größe des SUVs und der Bedeutung des darin fahrenden Vaters keimten erste ungesunde Bezüge auf. Vor allem im Verhältnis zu der Tatsache, dass ihr Vater nur Fahrrad fuhr.

Sophies Sehnsucht nach Abenteuern führte dazu, dass sie keinen Feldgraben mehr sehen konnte, ohne darin baden zu gehen. Auf dem abgeernteten Feld musste ich ihr die Augen verbinden und sie drehen, bis sie die Orientierung verlor. Fahrrad wiederum fuhr sie auf der Dorfstraße ausschließlich im Stil ihrer Landfreundin Annelie: die Füße auf dem Gepäckträger, den dünnen Körper zu einem Bogen geformt, die Arme durchgestreckt am Lenker. Der Aufenthalt am Esstisch dagegen wurde weitgehend eingestellt. Sophie picknickte mit Vorliebe in Baumstümpfen, unter überhängenden Weiden oder mitten im Mais.

»Können wir wieder ein Abenteuer?«, fragte sie mich neulich nach dem Abendessen.

»Heute nicht, Schatz. Ich geh einfach nur joggen«, antwortete ich.

»Du bist gemein!«

Ich schnürte mir die Schuhe, sie schwang sich etwas beleidigt aufs Rad, gemeinsam brachen wir auf. Rechts die Dorfstraße runter, am Strohlager vorbei, unter der Bahnlinie hindurch und dann raus in die Weite der Felder. Links der abgeerntete Weizen, rechts die Höhen. Goldene Nachmittagssonne. Noch ein Kilometer auf dem Feldweg, und noch ein Kilometer. Immer geradeaus durch das Nichts. Nach zehn Minuten war ich im Flow. Sophies zahlreiche Fragen beantwortete ich abwechselnd mit »Ja« und mit »Nein«, die besonders kniffligen (»Warum bist du mein Papa?«) auch mal mit »na ja«. Zu mehr ließ mir die Atmung keine Kraft.

Dann sah ich sie.

Zwei Doggen. Mitten auf dem Feldweg. Schwarz und glänzend. Die witternden kantigen Köpfe beinahe schulterhoch. Ich kann nicht sagen, dass frei laufende, mannshohe Doggen zu den Tieren gehören, mit denen ich am besten auskomme. Ich bevorzuge, alles in allem, einen Frosch oder einen Regenwurm.

Abrupt bremste ich ab. Sophie blieb ebenfalls stehen. Für den Bruchteil einer Sekunde war unentschieden, wie die Situation ausgehen würde. Dann rannten die Doggen auf uns zu.

»Nicht fliehen!«, wies ich Sophie an. »Hörst du? Egal, was passiert, in keinem Fall fliehst du! Sonst jagen sie uns!«

Die Doggen rannten weiter in unsere Richtung. Höchstens hundert Meter trennten uns noch. Hinter uns, am Feldrand, stand ein Hochsitz. Aber wie kamen wir da hin? Noch fünfzig Meter bis zum Angriff. Dreißig. Dann hob ich Sophie samt Rad in die Luft, drehte sie in die entgegengesetzte Richtung, schob sie an und floh mit ihr davon.

»Ich dachte, ich soll nicht fliehen?«

»Nun fahr schon!«

Im Rennen sah ich mich um. Die Visagen der Doggen nun ganz nah. Nasse Zungen. Spitze Zähne. Fünfzehn Meter noch, dann hatten sie uns. Der Hochsitz dagegen kam einfach nicht näher. Ich rannte und schob Sophie vor mir her. Am Hochsitz hievte ich sie in letzter Sekunde vom Rad und trug sie die Sprossen hinauf.

»Mensch, Papa, du tust mir weh. Sie bellen doch nicht mal!«

Ich hebelte den Verschluss der Tür auf und verschwand mit Sophie im Inneren des kleinen Häuschens. Konnten Doggen Leitern erklimmen? Sicherheitshalber legte ich den Riegel vor und atmete erst einmal durch.

Durch das kleine Fenster linste ich wagemutig nach unten. Seltsamerweise waren die Hunde zwischenzeitlich geschrumpft. Von Doggen war weit und breit nichts zu sehen. Was da stand, war eher kniehoch. Und, tatsächlich: Die Hunde bellten gar nicht! Sie wedelten nur ein wenig nach links und nach rechts, knufften sich und trollten dann gelangweilt davon. Eigentlich sahen sie ganz putzig aus.

Sophie sah mich fassungslos an: Dieser Clown da sollte ihr Vater sein? Hatte sie nicht einen stoischen Landvater verdient?

Als ob das nicht genügte, hatte ich von der ganzen Aufregung auch noch Schluckauf bekommen.

»Früher dachte ich immer, man muss sich mit den Füßen an die Decke kleben, wenn man Schluckauf hat«, sagte Sophie. »Mit Superkleber!«

»Warum denn das?«, fragte ich.

»Na, um das Glas falsch rum auszutrinken.«

»Das dachtest du?«

»Ja! Hast du doch immer gesagt, wenn ich Schluckauf hatte: dass ich ein Glas falsch rum austrinken soll.«

»Dachtest du nicht, dein Vater ist ein bisschen verrückt?«

»Aber du hast ja gar keinen Schluckauf mehr!«

»Das ist, weil du mich zum Lachen gebracht hast, mit dem Superkleber.«

»Lachen hilft auch?«

»Lachen hilft immer«, sagte ich.

Ich wartete zur Sicherheit noch ein Minütchen, dann stiegen wir ab. Ich spähte. Lauschte. Sophie zog mich weiter. Ich weigerte mich, den Hunden hinterherzugehen, also machten wir einen Umweg nach Osten. Großer Fehler. Auf dem riesigen Acker versank Sophies Rad im Dreck. Völlig verschlammt erreichten wir eine Verbindungsstraße, auf der ein Auto mit hundertzwanzig Kilometern pro Stunde auf uns zuhielt. In letzter Sekunde zwängten wir uns in den Straßengraben.

Wir folgten einem Wirtschaftsweg, der parallel zum Bahndamm verlief. Nach zweihundert Metern endete er in einem Urwald aus Birken und Weißdorn. Sophie begann zu pfeifen. So langsam kam sie auf ihre Kosten.

Ich dagegen wurde still. Zunehmend entnervt schleifte ich ihr Fahrrad über Stümpfe und über abgestorbene Hölzer. An einem Ameisenhaufen ging es dann endgültig nicht mehr voran.

»Was machst du nicht, wenn ich nicht dabei bin?«, fragte ich.

»Übers Gleis gehen?«

»Und wem erzählen wir nichts davon?«

»Mama?«

Ich inspizierte den Damm, winkte Sophie herüber und trug ihr Rad auf die andere Seite. Stolz zeigte sie mir ihre kleinen Wunden, welche die Dornen in ihre Haut gerissen hatten. Auf der anderen Seite des Bahndamms zwängten wir uns durch einen Streifen Brennnesseln. Dann lag ein neuer, endloser Acker vor uns. Sophie kam kaum voran, da sie die grob gepflügten Erdschollen mit ihren kurzen Beinen nur mit Mühe übersteigen konnte.

Vom Horizont her senkte sich langsam die Dämmerung über das Land. Sophie war begeistert. Dunkelheit verlieh ihrem Abenteuer eine neue Dimension. Wir folgten einem Entwässerungsfließ. Nach einigen Minuten verengte er sich zu einer Furt. Sophie hielt sich an den ausladenden Ästen einer Trauerweide fest und schwang über das Fließ. Als sie auf der anderen Seite ankam, packte sie mich an der Hand und zog mich ans sichere Ufer hinüber.

Auf einmal standen wir vor einer Weide. Darauf zwei Jungbullen. Sie senkten ihre Köpfe und schnaubten in unsere Richtung.

»Lass uns mal lieber außen rum«, sagte ich.

»Warum? Die sehen doch ganz niedlich aus!«

Sophie betrat die Weide. Es blieb mir nichts übrig, als hinterherzugehen. Der Ausdruck der Bullen verfinsterte sich. Sie verfolgten jeden unserer Schritte. Zu meiner Überraschung erreichten wir den Elektrozaun am anderen Ende der Weide lebendig. Beim Queren versetzte es mir einen heftigen Stromschlag. Sophie meinte, ich habe mich aber auch ungeschickt angestellt.

Drei Stunden nach unserem Aufbruch zu einer kleinen Joggingrunde erreichten wir endlich unseren Hof. Ausgehungert und durstig. Und in weitgehender Dunkelheit.

Sophie hüpfte aufgeregt durch die Wohnung und erzählte Anka alle Stationen nach. »Und dann hatte Papa Angst vor zwei Pudeln, und dann wäre ich fast vom Auto angefahren worden, und dann hatte er schon wieder Angst vor zwei Kühen!«

Anka flößte Sophie vorwurfsvoll und erleichtert zugleich warmen Kakao ein.

»Morgen bleibt ihr beiden zu Hause!«, sagte Anka, als wir Sophie zusammen ins Bett brachten. »Ist das nicht möglich? Dass ihr einfach mal einen ganz normalen Landnachmittag verbringt?«

Da schlug Sophie noch einmal die Augen auf.

»Ich will keinen Landnachmittag, ich will ein Abenteuer«, sagte sie.

»Keine Sorge«, sagte ich. »Das ist doch hier draußen ein und dasselbe!«

IHR MÖGT DOCH
CASHEWNUT-PEPPER-TOMATO?

So konnte das nicht weitergehen.

Nun, da Sophie schneller zur Landtochter wurde als ich zum Landvater, musste ich mich dringend einem Crashkurs unterziehen. Ich blickte auf die vergangenen Sommerwochen zurück und zog eine erste Zwischenbilanz. Ich hatte gelernt: Ein Landvater war schweigsam. Entweder waren die Probleme so klein, dass es nicht lohnte, darüber zu reden. Oder aber so groß, dass ihnen mit Worten ohnehin nicht beizukommen war. (»Im Normalfall jibt et ooch jar keen Problem. Oder seh ick so aus, als hätt ick eens?«)

Ein Landvater fuhr nach Berlin ins Konzert. Er nahm seine Frau mit, mit der er etwas tat, was die Berliner nicht taten, deswegen war er immerzu glücklich. (Hier war ich noch nicht weitergekommen.) Ein Landvater rauchte und trank ohne Unterlass und fuhr nicht Fahrrad. (Niemals!) War ein Landvater einmal nicht sofort zu erkennen, half ein Blick auf sein Kind. War dieses fröhlich und umgänglich, höflich und selbstbewusst, aber auch wortkarg, war es die Brut eines Landvaters. (Kannte es Quinoa, war es das nicht.) Auch das galt: Aß ein Kind, was auf seinem Teller lag, war es mit großer Wahrscheinlichkeit ein Landvaterkind. Oder so: Ein Landkind befand sich im Baum, ein Stadtkind dagegen im Stress.

Ich nahm einen Zettel und stellte einige grobe Handlungs-
anweisungen auf:

- Setze Gefühlsregungen sparsam ein!
- Plane keinen Ausflug ins Tiergehege!
- Biete deinem Kind jederzeit einen ausreichend großen, ausreichend nassen Pfuhl zum Suhlen!
- Ist kein Spaßbad in der Nähe, wirf dein Kind über den nächsten See. (Gib ihm Proviant mit für die Flugzeit!)
- Wälze keine Probleme: Es gibt keine!
- Wirf alle pädagogischen Ratgeber in die Tonne!
- Überlasse das Picknick den Frauen!
- Schau nicht hin, wenn dein Kind im Baum klettert!
- Kaufe ein großes, schwarzes SUV!

Ich stellte mich vor den Spiegel und übte ein Landvatergesicht ein. Gar nicht so einfach. Ständig zuckte ein Mundwinkel, huschte eine Welle über die Brauen. Ich konnte nicht
still gucken! Ich zwinkerte mir zu! Vor allem, wenn ich während der Übung »Guten Morgen« sagte, war ein Lächeln
partout nicht zu verhindern. Nicht auszudenken, was geschehen würde, wenn mir das vor einem Landelternteil un-
terliefe. Spontane Herzlichkeit wurde hier draußen als Ge-
fahrgut eingestuft und mit Misstrauen quittiert.

Traf ich beispielsweise auf eine Landmutter und lächelte
sie an, konnte es sein, dass ich einer sogenannten Anmache
verdächtigt wurde. (Einen Landvater anzulächeln war geradewegs pervers.) In Berlin dagegen war es so: Obwohl ich
ein Mann war, durfte ich anlächeln, wen immer ich anlächeln wollte. Frauen und Männer, Rentner und Joggerinnen,

Studentinnen und Busfahrer wurden gnadenlos angelächelt. Im Normalfall endete das wie folgt: Ich wurde ebenfalls angelächelt! Dann war der Spuk auch schon wieder vorbei.

Lief man sich am nächsten Tag erneut über den Weg, änderte sich etwas. Dann war man so gut wie befreundet. Die Freundschaften in Berlin ereigneten sich mit der Geschwindigkeit von Freundschaften, die Kinder auf dem Spielplatz schlossen. (Hatte Sophie mit einem Mädchen geschaukelt, war sie auch mit ihm befreundet.) Es kam nicht selten vor, dass ich in Berlin pro Woche sieben neue Freunde gewann.

Auf dem Land gestaltete sich der Zugewinn neuer Freundschaften etwas schwieriger. Traf ich beispielsweise beim Bäcker einen Landvater, verlief das Gespräch so:

»Ach, Hallo!« (Ich.)

»Kenn wa uns?« (Der Landvater.)

»Na, ich bin der Vater von Sophie.«

»Ja, aber kenn wa uns?«

»Sie geht mit deiner Tochter in eine Klasse.«

»Also, tut ma leid, aber ick hab Se noch nie jesehen!«

Höchste Zeit, etwas klarzustellen. Die Landeltern verfügten über ein großes Maß an Freundlichkeit! Es war nur unter einer eher kargen Rhetorik versteckt. Sie waren es gewohnt, niemanden kennenzulernen, denn sie kannten ja alle schon: die Mimi aus dem Kindergarten und den Hans von der Feuerwehr.

Hatte man die Schale erst einmal geknackt, zeigte sich ein umso wunderbarerer Kern. Auch dies verlief andersherum als in Berlin. Hatte man in Berlin in zwei Stunden drei Freunde gefunden, waren dann, wenn man zum Umzug

Hilfe benötigte, auf einmal alle weg. (Im Normalfall weilten sie gerade für ein Praktikum in New York, oder sie mussten noch Biolinsen auftreiben, oder sie hatten – leider! – die WhatsApp zu spät gelesen.)

Wie anders auf dem Land: Hatte man einen Freund erst einmal gefunden, war er – da jibt et nüscht zu rütteln, du Dödel! – vierundzwanzig Stunden am Tag für einen da.

Das sollten wir lernen, als Mariann in unser Leben trat. Bisher kannten wir sie nur als Jasmins Mutter. Doch da Rick und ich jeden Nachmittag Punkt drei unsere spielenden Töchter im Hort abholten, ließ sich ein näheres Kennenlernen nicht vollständig verhindern.

Erste Worte wurden gewechselt! Rick wandte sich gar aktiv an mich! Fragte nach den Erfahrungen, die Sophie im Schwimmcamp gemacht habe. (»Bronze«, sagte ich stolz.) Und so luden wir ihn und seine Frau Mariann zu uns nach Hause ein. Als Freunde. Nicht nur als Elternpaar, das sein Kind loswerden wollte.

Vor dem Besuch setzte ich das reglose Landvatergesicht auf, das ich schon ganz gut beherrschte. Als Nächstes machte ich mir keine Gedanken. Ob das Wetter halten würde oder ob uns ein Regenguss vom Hof ins Haus jagen würde – da machte ich mir so was von keine Gedanken drüber! Ich kaufte nichts Besonderes ein und bereitete nichts vor. Nur einen Aschenbecher stellte ich auf. (Landeltern! Starke Raucher!) Ich hielt für ihre Tochter Jasmin kein Geschenk bereit und machte mir nur über eines Gedanken: mir bloß keine Gedanken zu machen.

So war ich für den Erstbesuch von Landeltern bestens gerüstet!

Anka nahm sich eigens den Nachmittag frei. In ihrer grenzenlosen Offenherzigkeit konnte sie es nicht lassen und richtete einen derart schön gedeckten Tisch im Hof, dass mir nichts übrig blieb, als darauf zu achten, dass wenigstens ein paar Kuchengabeln fehlten.

Und dann der große Moment. Unsere Landfreunde betraten den Hof! Mit aller Kraft verfinsterte ich meine Miene, um sie zu begrüßen. Doch Mariann? Fiel erst Anka und dann mir um den Hals, tätschelte mir die Wangen und fragte: »Schlechte Laune, heute?« Dann schob sie angewidert den Aschenbecher beiseite und lobte den schön gerichteten Kaffeetisch. (Dass ein Gäbelchen fehle? Hätten wir bemerkt?)

Rick wenigstens gab mir in vollendeter Landsachlichkeit aus zwei Metern Abstand die Hand.

Mariann stellte sich als schwer gemütliche Frau heraus, die ihre kostbare Lebenszeit nicht mit Diäten verplemperte. Sie trug ausschließlich Schwarz und absorbierte meine Aufmerksamkeit mit dieser sonoren, beinahe tiefen Stimme.

Schon bei diesem ersten Besuch stellte sich heraus: Unsere märkische Landfreundin war in ihrer Liebe total. Sie wartete nicht mit städtischen Verfallsformen der Freundschaft auf, sondern mit ihrer Vollversion. Sie lachte so tief aus ihrem Körper heraus, dass einem nichts übrig blieb, als mitzulachen. Als sie drei Stunden später den Hof verließ, wirkte es sogleich, als fehle etwas in ihm. Rick und Jasmin hatten gegen ihre Präsenz kaum eine Chance.

Uhrzeit, Gemütsverfassung, Aufwand und andere städtische Ausreden zählten nicht bei unserer märkischen Landfreundin. Sie war immer für uns da. Riefen wir sie – beispielsweise – abends um elf an, weil uns Eier für den Kuchen fehlten, trug sie eine Stunde später zwei Zehnerkartons vorbei, stellte aber noch einen fertigen Kuchen dazu, nur für den Fall.

Wollten wir uns für ihre Liebe revanchieren und luden sie und Rick zum Essen ein, durften wir nicht den Fehler begehen zu kochen! Mariann würde ohnehin mit einem kleinen Salätchen (hatte sie zufällig vorbereitet), einer fertigen Lasagne (nur eine Kleinigkeit) sowie diversen Schokoladenvariationen (Ihr mögt doch Cashewnut-Pepper-Tomato?) vorbeikommen.

In den Anfangstagen unserer Landfreundschaft führte dies nicht selten zur Kollision. Während wir, in märkischer Freundschaft noch gänzlich ungeübt, beispielsweise einen einfachen Nudeltopf aufsetzten, erfolgte ein kleines Defilee kunstvoll drapierter Köstlichkeiten in unser Haus, sodass wir dann die gebratene Forelle Müllerin Art zu essen bekamen, während Mariann einfache Nudeln kaute und sich darüber in schier endlosen Lobeselogen erging.

Natürlich beschränkte sich Marianns Liebe nicht aufs Kulinarische. Auch zu Geburtstagen, Kalenderfeiertagen und anderen Jahreshöhepunkten bewies sie fortan ihre totale Liebe. Es verstand sich von selbst, dass die materiellen Folgen dieser Liebe nicht etwa fünf Minuten vor der Feier bei »Tedi« erworben, sondern passgenau mit langem Vorlauf (einer Profiler-Tätigkeit nicht unähnlich) zusammengestellt waren. Wir hatten uns längst abgewöhnt, von Geschenken zu sprechen, die Mariann uns machte, wir sprachen nur mehr von ihren Arrangements.

Wie ihre Speisenfolgen gehorchten auch ihre Geschenkfolgen einer liebevoll ausgetüftelten Dramaturgie, waren klar getrennt in appetitanregendes Vorgeschenk, in seiner Bedeutung stark herabgespieltes Hauptgeschenk (Ist doch nur eine gusseiserne Gartenbank aus Sussex!) und abrundendem Nachgeschenk (Gartenhaus, Kinderfahrrad).

Als später im Jahr ihr eigener Geburtstag nahte, erklärte Mariann das Schenken freilich für abgeschafft. Sie verbat sich ausdrücklich jedwede Zuwendung, die sie nicht verdient habe. Als wir dann – hilflos verunsichert – aufschlugen an ihrem großen Tag, einen kleinen »Besuchsbesen« in der Hand, beteuerte sie lautstark, dass sie zeitlebens keinen schöneren Strauß gesehen, eine gelungenere Zusammenstellung von Feldblumen für nicht möglich gehalten und selbige keinesfalls selbst hinbekommen habe. (Und dass diese opulente Geschenkfülle doch nun wirklich nicht nötig sei.)

Und dann ihr Lachen! Es kam völlig unerwartet, brauchte keinerlei Anlauf und ging stets mit einer bebenden Erschütterung ihres gesamten Körpers einher.

Normalerweise gab es ja zwei Sorten von Menschen. Die einen lachten über alle anderen, verstanden aber keinen Humor auf ihre Kosten. Die anderen wiederum machten sich ständig über sich selbst lustig, teilten aber niemals aus. (So brav und vorsichtig waren sie.)

Mariann dagegen konnte beides: über sich lachen und über andere. (Und über alles andere sowieso. Denn Lachen war ihre klare Lieblingsbeschäftigung.)

»Na? Mariann jestern Nacht wieder bei euch jewesen?«, fragte mein märkischer Nachbar nun des Öfteren.

»Ähm, ja. Warum?«

»Na, se hat sich ja wieder die janze Nacht beölt!«

»Das hörst du bis zu dir?«

»Wenn Mariann lacht, hört dit dit janze Dorf!«

Ich kam ins Nachdenken. Was hatte sie uns gebracht, unsere polyglotte Lebensweise in Berlin? Wir hatten die Berge gesehen in Alaska, den Sonnenuntergang an der West- und an der Ostküste, die Laternen von Paris, hoch oben von Montmartre, und auch, wie die gelben Lichter im Mississippi verschwinden. Doch was totale Freundschaft ist, erfuhren wir erst hier.

Manchmal, in den raren Minuten, die unsere märkische Landfreundin und wir getrennter Wege gingen (Arbeit, Einkauf), saßen Anka und ich dann zu Hause, voll Unzulänglichkeit und schlechtem Gewissen, eine solche Liebe nicht zu verdienen, und dann ersannen wir heimlich Kontergeschenke und besiegelnde Freundschaftsmanifestationen. Dann planten wir und googelten, ersannen und durchdachten, Erfindungen blitzten auf, Einfälle und Clous, die uns klammheimliche Freude in die Gesichter schrieben.

Doch keine Chance.

Luden wir Mariann in einen umgebauten Bahnwagen an der Oder, in dem man übernachten konnte, hatte sie den Bahnwagen bereits für den restlichen Sommer für uns gebucht. (Nur für den Fall, und wir liebten die Oder doch so!) Liefen wir mit einem eigens zusammengestellten Samentütchen von Wildkräutern auf, gab sie dem Lkw-Fahrer das

Okay, er könne den Bausatz des Gewächshauses nun bei uns abladen.

Wir gaben alles, aber wir würden ihrer Liebe niemals, niemals genügen. Wir waren beschmutzt, und sie war rein. Dass sie trotzdem mit uns vorliebnahm, obwohl wir sie niemals verdienten, dafür würden wir ihr immer, immer dankbar sein!

Noch am Abend ihres allerersten Besuches, nachdem Mariann und Rick wieder gegangen waren, rekapitulierte ich meine Erfahrungen. Was, wenn ich mich geirrt hatte? Wenn es »Landeltern« als Gattung gar nicht gab? Das hätte eine äußerst befreiende Wirkung. Gab es keine Landeltern, musste ich mich auch nicht an sie anpassen. Ich würde einfach bleiben können, wer ich war!

Doch da hatte ich mich zu früh gefreut.

Denn eine Woche nach dem Beginn unserer Freundschaft gingen Rick, seine Tochter Jasmin, Sophie und ich Kanu fahren. Was davon zu berichten ist, klingt sehr danach, als wären zumindest »Landväter« eben doch eine ganz eigene Gattung ...

KEINE KATZE IST AUCH
KEINE LÖSUNG

Doch bevor ich ausplaudere, welche schillernden Dinge sich auf der Kanufahrt ereigneten, sei mir ein kleiner Exkurs zum beliebten Thema »Hauskatze« gestattet.

Mein Verlag sagte zu mir: »Wenn du partout keine Exemplare deines neuen Buches verkaufen magst, dann schreib rein, dass du keine Katzen magst!«

In diesem Sinne gebe ich zu Protokoll, dass ich Katzen liebe, ich verehre sie, ich himmle sie an! Dass unser kleiner Kater den gerade renovierten Putz abknabbert: süß! Dass er die Butter beim Frühstück ableckt: wie niedlich! Die toten kleinen Schmetterlinge, die er minütlich anschleppt: einfach putzig! Also, nochmals, an Eides statt: Ein Leben ohne unseren (niedlichen) Kater wäre für mich unvorstellbar, so sehr liebe ich ihn. In dieser Hinsicht gibt es absolut keinen Grund, dieses Buch nicht zu lesen.

Die einfachste aller Gleichungen lautet ja: Glückliche Kindheit = Freiheit + Tier. Während mir nach dem Umzug aufs Land eher nach der Haltung von Milchziegen oder Hühnern war, entschied sich der Familienrat für einen Kater. Ich fand, dass absolut nichts anzufangen war mit einem Kater (Wolle? Fleisch? Milch? Alles Fehlanzeige.), stimmte aber zu, des sogenannten Familienfriedens wegen.

Der Familienfrieden ist ein seltsames Konstrukt. Beinahe möchte ich sagen: ein städtisches. Man gibt sich vollständig auf, um dafür die Familie zu befrieden. Da man im Folgenden bekommt, was man nicht will (oder aber nicht bekommt, was man will), beginnt es in einem zu rumoren, sodass man ein wenig missmutig wird. Das wiederum führt zu dem Nebeneffekt, dass die Familie ihre Ziele zwar durchgesetzt hat, aber dennoch nicht zufrieden mit einem ist. Der Familienfrieden ist also eine klare Lose-lose-Situation: Man bekommt, was man nicht will, und kriegt dafür obendrein auch noch Ärger.

»Könntest du Streifi nicht wenigstens einmal streicheln?«, lagen mir Anka und Sophie im Ohr. Dabei erstarrte ich allein schon bei diesem Namen. »Streifi!« Ja, lebten wir denn nun in einem Comic? Oder in Bullerbü? Nur weil wir aufs Land gezogen waren, hieß das doch nicht, alle Regeln des guten Geschmacks über Bord zu werfen und fortan mit der Hälfte der Hirnzellen durchs Leben zu gehen. Ein Wesen, das allen Ernstes »Streifi« hieß, würde ich unter keinen Umständen rufen, streicheln oder kraulen.

Es gab Grenzen. Selbst auf dem Land.

Der Kater zog natürlich bei Sophie im Zimmer ein. Aufgeregt richtete sie ihm das Körbchen. In der ersten Nacht scharrte der Kater im Katzenstreu, sprang zu Sophie ins Bett, leckte ihre Füße ab und wollte mit ihren Zöpfen spielen. Am nächsten Morgen folgte bereits der erste Zusammenbruch. Leichenblass kam Sophie aus ihrem Zimmer, den tanzenden Kater zwischen ihren müden Beinen.

Sie weinte.

»Ich darf nicht mal mehr Zähne putzen!«

»Sonst wolltest du nie Zähne putzen!«

»Ja. Aber er bestimmt einfach alles, was ich machen soll!«

Also zog der Kater samt Körbchen in unser Schlafzimmer um. Es war interessant, zu welcher Vielzahl an Geräuschen ein Jungkater fähig war. Da wurde miaut und gescharrt, gefiept und gepiepst, gekratzt und geknurrt. In der dritten Nacht suchten wir bereits den dritten Schlafplatz für das Tier.

Ich rief meinen märkischen Nachbarn zu Hilfe, der sich den Kater mit kurzem, kennerhaftem Blick ansah und erschrocken zurückwich: »Wat sind denn dit für Füße! Dit sind ja Tatzen! Ihr habt euch nen Golem ins Haus jeholt! Dit wird nen Tiger, keene Katze, na in diesem Sinne, ick sach's ma so: Viel Spaß noch und jute Nacht!«

An dieser Stelle sei zugegeben, dass ich zwar überstimmt wurde, als es um den Einzug des Katers ging, aber auch Vorteile darin sah. Wann immer das Heimweh nach ihren Berliner Freundinnen doch noch zuschlagen sollte, hatte Sophie nun einen Trost spendenden Gefährten, den sie jederzeit streicheln konnte. Nur deswegen hatte ich zugestimmt – einer Katze, keinem »Streifi«. Ich hatte einem niedlichen, verschlummerten Wesen zugestimmt, das sich vor dem Holzstapel in der Sonne zusammenrollte oder auf dem Fensterbrett schnurrend die Morgensonne begrüßte.

Stattdessen war ein völlig wahnwitziger Jungkater eingezogen, der mit der Geschwindigkeit einer Mittelstreckenrakete durch das Haus zischte und wegen überhöhter Geschwindigkeit ständig den Halt verlor und aus der Kurve kippte. Aus dem Nichts heraus vollführte er hüfthohe Sprünge, um sich in der Luft neugierig umzusehen, dann landete er wieder auf den Dielen und peste davon, um in der nächsten Kurve gegen die Wand zu schlittern. Sie waren ja auch wirklich eng, die Kurven in unserem Haus!

War der Kater erst einmal gegen die Wand gerutscht, nutzte er die unverhoffte Nähe zum Putz, um ihn sorgsam abzuknabbern. Schon nach wenigen Tagen ließ sich folgende Regel aufstellen: Alles, was ich für unseren Einzug soeben saniert hatte, machte der Kater wieder kaputt. In die neuen Vorhänge ließ es sich wunderbar einwickeln, um sie dann mit einem kurzen Ruck von der Schiene zu reißen. Frische, weiße Farbe an den Wänden: völlig überschätzt! Wozu gab es niedliche Tatzenabdrücke!

Jeden Morgen, wenn Sophie tapfer und steinmüde zur Schule aufbrach, ermahnte sie mich, den Kater einmal die Stunde zu streicheln und vor allem nicht aus dem Haus zu lassen. Er müsse erst lernen, dass er hier wohne. Wenn ich ihn aus dem Haus ließe, würde er sich sofort verirren und fände nie wieder zurück.

»Versprichst du mir das?«

»Aber er macht uns hier drinnen doch alles kaputt!«

Sie nahm den Ranzen wieder vom Rücken und baute sich vor mir auf. Wenn sie sich vor mir aufbaute, reichte sie mir bis zum Bauchnabel. Ich schmunzelte. Doch sie blieb ernst.

»Entweder, du versprichst mir, dass du Streifi nicht aus dem Haus lässt, oder ich gehe nicht zur Schule!«

»Versprochen, mein Schatz.«

Der Kater wollte stets dahin, wo auch ich hinwollte. Schlimmer noch: Er wusste bereits, wo ich in der nächsten Sekunde sein würde, noch bevor ich auch nur einen Schritt dorthin gemacht hatte. Verließ ich die Küche, zwängte er sich hastig vor mir durch den Türspalt. Ging ich ins Schlafzimmer, raste er mir von rechts vor die Füße. Trat ich auf, befand er sich mit größter Wahrscheinlichkeit unter meinem Fuß.

Bald ging ich nur noch auf Zehenspitzen, im Storchengang. Doch auch die verbliebenen zwei Quadratzentimeter, auf denen meine Zehen aufsetzten, genügten ihm, um sich dort einzufinden. Ich stellte das Gehen im Haus weitgehend ein, da ich schon von jeher ungern auf Katzen getreten bin. Das hatte jedoch weitere negative Folgen. Denn seit ich kaum mehr ging, schnurrte und strich der Kater um meine Beine wie die Bürste in der Waschanlage um die Kühlerhaube.

Am Wochenende fuhren Sophie und Anka nach Berlin ins Museum. Und ich benötigte dringend eine Pause von unserem neuen Mitbewohner. Also sperrte ich den Kater im Keller ein.

Diese Selbstermächtigung bewirkte zweierlei. Zum einen ein ungeahnt heftig ausfallendes schlechtes Gewissen. Zum anderen aber auch einen Anflug von Stolz, mein Leben wieder selbst in die Hand genommen zu haben. Ich beschloss, dass das nur der Anfang sein sollte. Ab sofort würde ich morgens Bier trinken, nächtelang wegbleiben und selbstbewusst meiner Karriere nachgehen! Ein echter Landvater ließe sich niemals zu einem Katzendiener herabwürdigen!

Doch das Miauen war steinerweichend. Es erfolgte in

einer Frequenz, die mühelos durch die alte Dielung ins Arbeitszimmer fand. Ich versuchte es mit einer Kapuze über dem Kopf, aber das erschwerte das Arbeiten – und half auch nicht recht gegen mein aufmüpfiges schlechtes Gewissen. Zerknirscht stieg ich in den Keller. Auf dem Rückweg hielt ich seltsamerweise einen Kater im Arm. Meine Wange schmiegte sich sanft an sein Fell. Ich erschrak. Was war los mit mir? Aber dieses Fell, das war ja betörend. So flauschig, so weich.

Oben, im Hausflur, ging es sofort wieder los. Senkrechter Sprung in die Luft, Drehung um die Hochachse, lauter Aufprall auf den Dielen. Zack, ins Bad. Hundertachtziggradkurve. Zack, Beschleunigung auf dem Flur. Da, Kurve wieder zu eng genommen, Aufprall gegen die Küchenwand!

Versprechen lässt sich ja vieles, dachte ich. Und: So blöd wird er ja auch wieder nicht sein.

Ich öffnete die Haustür.

Der Kater besah die neue Freiheit. Wiese, Sonne, Bäume: kannte er ja alles noch nicht. Ich merkte, wie es in seinem kleinen Köpfchen ratterte. Offenbar wusste er nicht, ob ich ihm eine Falle stellte. In der nächsten Sekunde durchschoss er den Innenhof, um in hundert Metern Entfernung unter den Sommerflieder zu schlittern. Die Schmetterlinge, die den Flieder bestäubten, verspeiste er in beachtlicher Stückzahl.

Dann versuchte er, seinen Schatten zu fressen. Das Gerücht, Kater seien dümmer als Katzen, kann ich an dieser Stelle ausdrücklich bestätigen. Schon raste er wieder einem Insekt oder einer seiner Phantasmagorien hinterher – und ließ sich für den Rest des Tages nicht mehr sehen. Was für eine Befreiung!

Gegen Abend aber war der Kater noch immer verschwunden. Das war nun etwas ungünstig. Zumal Anka und Sophie in Kürze aus Berlin zurückkehren würden. Keinesfalls durfte Sophie auf ein Haus ohne Kater stoßen. Ich kann sagen, dass meine Einstellung dem Kater gegenüber sich auf einmal änderte. Sein Name – alles in allem in Ordnung für das Haustier eines achtjährigen Kindes. War er nicht auch irgendwie anrührend gewesen, in seinem jugendlichen Übermut?

Ich suchte den Hof ab. Schaute unterm Birnbaum und im Schuppen. Ging zurück ins Haus und sah unterm Bett nach, im Bad und sogar im Ofen. Völlig debil klimperte ich mit einem Glas voller Katzencracker und rief dazu: »Streifi, Streifilein, na, komm!«

Es geschah, was geschehen musste. Mein märkischer Nachbar beobachtete mich, hinter seinem Walnussbaum nur unzureichend versteckt. Er paffte seine Zigarillostumpen. Schwieg. Ein Gesichtsausdruck, als würde er sich Notizen machen. Das Wort »Streifilein« erneut herauszubekommen, während mein märkischer Nachbar mir zuhörte, schien absolut unmöglich. Aber Sophie käme in einer halben Stunde zurück! Ich hatte die Wahl. Entweder ich konnte sie verraten, indem ich die Suche einstellte, oder aber mich, indem ich weitersuchte. Keine Frage, wie ich mich entschied.

»Streifi. Streifilein! Na, komm!«

Es war erniedrigend. Es war erbärmlich. Dazu das einfältige Crackergeklimper. Es war der absolute Tiefpunkt. In dem Moment trat mein märkischer Nachbar hinter der Walnuss hervor.

»Ick weeß ja nich, was de da flöten tust, aber deine Katze haste nich zufällig vermisst?«

»Streifi, du hast Streifilein?«

»Sach ma, hörste dir noch reden? Nen Kater, dit sitzt bei mir uff'em Baum.«

Er wies auf seine Tanne. Zwanzig Meter hoch, mindestens. Auf der Hälfte saß ein kleiner, ängstlich zusammengerollter Ball aus Fell.

Leise, ganz leise, hörte ich ihn fiepen.

»Ach nee«, sagte ich. »Und jetzt?«

»Feuerwehr.«

»Auf keinen Fall. Vorher kauf ich ne neue Katze.«

»Dazu is nich die Zeit, Schreiberling. Wenn mir nich allet täuscht, spaziert dahinten schon dit kleene Madamchen!«

Ich drehte mich um. Tatsache: In nur wenigen Hundert Metern Entfernung liefen Anka und Sophie, Hand in Hand und augenscheinlich bester Laune, die Landstraße entlang. Sie schienen zu singen. Links und rechts von ihnen der gleißende Weizen. Tief stehende Sonne. Rötliches Licht.

Panisch bestieg ich den Baum. Schon nach zwei Höhenmetern blutete ich an Armen und Knien. Von meiner neuen Position aus konnte ich verfolgen, wie Anka und Sophie in die Dorfstraße einbogen. Ich kletterte weiter. Mein märkischer Nachbar stand, die Arme verschränkt, unten am Stamm und paffte. Ich gewann weiter an Höhe. Bloß nicht nach unten sehen. Noch einen Ast höherziehen, und noch einen. Endlich konnte ich nach dem Kater greifen. Doch der? Biss und kratzte mich! Einen kurzen Moment hatte ich nicht übel Lust, ihn von der Tanne zu werfen. (Der Gedanke an Sophie bewahrte mich davor.) Todesmutig packte ich ihn und stieg wieder ab. Als ich den Boden erreichte, waren meine Arme und Beine zerschunden. Im selben Moment kam Sophie herbeigerannt. Mein märkischer Nachbar nickte mir anerkennend zu.

»Punktlandung, Schreiberling. Ick darf mir schleunigst verdünnisieren!«

Und er trottete davon.

Im nächsten Moment warf sich Sophie in etwas pathetisch zur Schau gestellter Sorge über ihren Kater. Ich klaubte mir demonstrativ die unzähligen kleinen Rindenstückchen aus den blutigen Kratzern.

»Armer kleiner Streifi, was hat Papa mit dir gemacht?«

»Ich habe ihn gerettet«, sagte ich.

»Das verzeih ich dir nie!«

GEHEN ZWEI VÄTER ZELTEN

Es war vertrackt: Fragte ich eine Landmutter nach dem nächsten Elternsprechtag, sah sie mich an, als habe ich ihr einen Heiratsantrag gemacht. Setzte ich hingegen ein kühles Landvatergesicht auf, fragte mich Mariann, ob ich schlechte Laune habe.

Wie passte das zusammen? Sollte ich mich nun anpassen? Oder nicht?

Erst eine zweitägige Kanufahrt mit Rick und den Kindern sollte Klarheit bringen.

Unglaublich, aber wahr: Die Idee, gemeinsam Kanu zu fahren, ging von ihm aus! So viel zwischenmenschliches Engagement hätte ich ihm gar nicht zugetraut! Seine Ehe mit Mariann folgt dem Gesetz, dass sich anzieht, was nicht zusammenpasst. Plus und Minus. Mann und Frau. Marianns Körperform war eher gemütlich, Rick dagegen ein Strich. Mariann lachte so laut, dass unser märkischer Nachbar neugierig ans Fenster trat. Wenn Rick lachte, schnaubte hingegen nur etwas Zigarettenrauch aus seinem Mund.

Ich freute mich sehr über die Einladung. Ein Väterausflug mit Töchtern! Das war in vollem Maße zu begrüßen! Ich war gespannt, was Rick mir beibringen würde. Gewässerkunde. Meteorologie. Nautik. War ja viel zu lernen auf so einem Boot.

Noch am Abend der Einladung machte ich mich daran, die wichtigsten Knoten zu lernen. (Palstek. Kreuzknoten. Webleinenstek.)

War es nicht das gewesen, was mich in der Stadt fortwährend so gelangweilt hatte: dass man sich immer und ausschließlich nur drinnen, in geschlossenen Räumen, traf? Zu todlangweiligen Abendessen? Fröhlich pfiff ich vor mich hin, während ich aus einem Seil ein Auge legte, durch das ich das lose Ende führte.

Etwas sagte mir, dass die Anpassung an die Landkultur, die bei Mariann nicht gefruchtet hatte, von Rick doch erwünscht sein könnte. Entsprechend kaufte ich mir für die Kanufahrt das erste Käppi und die erste Jogginghose meines Lebens. Vierzig Lebensjahre war ich ohne diese Utensilien ausgekommen. Doch ich konnte ja schlecht in Stoffhose und Sommermantel im Boot sitzen.

»Was ist denn mit deinem Gesicht passiert?«, rief Anka entsetzt, als ich am Morgen der Kanufahrt aus dem Bad kam. Verzweifelt strich sie mir über die glatten Wangen.

»Das ist hier so üblich«, sagte ich.

Während die Berliner das Rasieren weitgehend eingestellt hatten, um ein wenig Wildnis in ihr kultiviertes Leben zu bringen, erklärte ich ihr, rasierten sich die Landväter, um ein wenig Kultur in ihr wildes Leben zu bringen –

»Bitte, Schatz«, sagte Anka. »Tu das nie wieder. Du siehst aus, als würdest du in einer Bank arbeiten!«

»Tragen die da Jogginghosen?«

Da erst ließ sie den Blick an mir herabwandern und schlug die Hände vor dem Mund zusammen.

»Zieh das aus! Zieh das sofort wieder aus! Solange du das trägst, rede ich kein Wort mehr mit dir!«

Still vermerkte ich, dass der Test geglückt war. Anka schien mir ein guter Indikator für meine Anpassung. Was sie ablehnte, würde auf dem Land sicherlich gut ankommen. Ich nahm sie dankbar in den Arm.

Bis zur Abfahrt studierten Sophie und ich noch ein wenig den Prüfungsfragebogen zum Binnenschifffahrtspatent.

»Wo ist Backbord?«, fragte ich sie ab.

»Links!«

»Was ist beim Besteigen eines Wasserfahrzeugs zu beachten?«

»Es ist ein Bootsführer zu bestimmen!«

»Und was ist das Slippen?«

»Das Wassern des Bootes mithilfe eines Slipwagens.«

»Da sollte ja nichts mehr schiefgehen«, sagte ich stolz.

Zur Sicherheit legte ich Sophie noch eine Schwimmweste an. Doch sie legte die Weste mit dem beleidigten Hinweis, sie verfüge über das Deutsche Schwimmabzeichen in Bronze, zur Seite.

Mit einem etwas unentschiedenen Reisegepäck, das einerseits aus Bio-Reiswaffeln, Tofu-Würstchen und Leitungswasserflaschen bestand – andererseits aber aus Lidl-Keksen, Bifi-Salami und Capri-Sonne, brachen wir auf.

Ich nahm an, dass Rick sich in größtem Stress befand, um die Tour vorzubereiten. Das Wassern des Bootes würde sicherlich nicht ohne Schwierigkeiten über die Bühne gehen.

Doch Rick?

Saß in seinem Garten und rauchte. Er trug keine Jogging-hose und kein Käppi, sondern Jeans und Sonnenhut. (Und Hipster-Bart.) Als er zu Ende geraucht hatte, sagte er »Hallo«. Als er eine zweite Zigarette zu Ende geraucht hatte, sagte er: »Dann wollen wir mal.«

»Wo geht es denn überhaupt los?«, fragte ich ziemlich aufgeregt. Ich hatte seit zwanzig Jahren in keinem Kanu mehr gesessen.

»Hier.«

»Ich meine, wo liegt das Boot?«

»Hier. Sag ick doch.«

»Aber hier ist doch kein Wasser?«

»Doch. Da.«

Während er sich die dritte Zigarette ansteckte, wies er zur Rückseite des Hauses. Wie sich herausstellte, floss ein Alt-arm der Oder direkt hinter ihrem Haus vorbei.

»Das ist ja fantastisch, wenn man so direkt hinterm Haus ins Wasser kann. Ihr könnt ja zum Frühstück 'ne Runde Kanu fahren oder mal abends, wenn's im Hochsommer noch lange hell ist. Und angeln könnt ihr auch gleich, und alles, ihr könnt sogar direkt durchs Küchenfenster ins Boot steigen, Mensch, ihr habt ja sogar 'nen eigenen Bootssteg!«

»Ja«, sagte Rick.

»Dann wollen wir mal slippen«, sagte ich.

»Was?«

Er sah mich an, als hätte ich etwas ziemlich Geschmack-loses gesagt. Rick schob das Boot einfach ins Wasser. Dann setzte er Jasmin und Sophie hinein. Und schon ging es los.

Ich begriff: Kanufahren war hier so was wie Radfahren. Man stieg ein und fuhr los.

»Was vergessen?«, fragte Rick.

»Nein, wieso?«

»Wir würden dann nämlich ganz gern los.«

Ach so, natürlich. Wir würden dann ganz gern los! Na, klar. Ich beeilte mich einzusteigen. Es gelang mir nicht, ohne das Boot in eine Schieflage zu versetzen, die den Kindern einen belustigten (Jasmin) und einen begeisterten (Sophie) Schrei abrang.

Rick sagte nichts.

Es folgten zwei vollendete Landluststunden auf dem Wasser der Alten Oder. Wir passierten überhängende Flussweiden, stöberten Basstölpel auf und bestaunten Heerscharen von Wasserläufern.

Ich muss gestehen, dass das Schweigen hier, auf dem Wasser, passte. Es hatte etwas von einem Gottesdienst: die Natur. Und wir. Ich staunte.

Selbst die Kinder wiesen sich nur schweigend auf die neuesten Sehenswürdigkeiten hin: Stromschnelle. Biberhöhle. Kleiner Sandstrand. Wurzeln, die wie eine Eule aussahen. Fischschwarm. In Weide verfangene Angelschnur. Libellen. Made, auf Eichenblatt treibend. Wasserratte.

Als wir am Abend einen passenden Biwakplatz gefunden hatten, warf ich gelassen mein Wurfzelt in die Luft, während Rick eine ganze Weile an seinem Iglu nestelte. Etwas verwegen (und nicht ganz frei von Schadenfreude) fragte ich, ob er Hilfe benötigte.

»Von dir?«, fragte er amüsiert.

Die Kinder waren k. o., dabei hatten sie so gut wie nicht

gepaddelt. Während wir ins Feuer starrten, schliefen sie, halb liegend, halb kauernd, auf ihren Vätern ein.

Wir gestanden uns kleinlaut, dass wir das Bier vergessen hatten. Es war uns beiden sehr peinlich. Ausgerechnet das Bier! Wir hätten Wasser oder Brot vergessen können, aber Bier? Einen beachtlichen Teil unseres sogenannten Gesprächs nahm dann das Thema Biersorten ein.

Zwischendrin klärte Rick mich über den Unterschied von Kajaks und Kanus auf. (Hab ich bereits wieder vergessen.) Dann plauderten wir wieder über den Vorteil polnischen Starkbiers. Und als uns gar nichts mehr einfiel, lästerte ich ein wenig über Berlin. (Das kam immer gut an hier draußen.)

»Ein Leben zwischen Autos und Dealern!«, sagte ich.

»Ooch«, sagte Rick nur, »jeder nach seiner Fasson!«

Dann hatten wir aber auch wirklich genug gesprochen für einen Abend. Wenn ich bedachte, dass Rick mir sogar seine Lieblingsbiermarke genannt hatte (Staropramen), war es ein geradezu persönliches, fast schon privates Gespräch für einen Landvater gewesen.

Ich legte mich zu Sophie ins Zelt. Sie atmete ruhig und befreit. Ein Engel! Dafür machte ich das doch schließlich alles! Sie kuschelte ihr Köpfchen an meine Brust. So schlief ich ein.

Am nächsten Morgen hatten die Mädchen viel Freude mit den Echsen, Lurchen und Fröschen, die aus dem Uferröhricht ins Wasser glitten, sobald sie sich ihnen näherten. Rick nickte mir zu, kochte dann Kaffee. (Gasbrenner, Kaffeepulver, Tasse: alles da.) Wir aßen Schokocroissants, die Rick mitgebracht hatte, meine Sachen tastete niemand an. Weder den Tofu. Noch die Bifis.

Dann stiegen wir wieder ins Kanu.

Die Luft war mild, das Wasser spiegelte die Wolken. Nach wenigen Kilometern unterquerten wir eine Brücke. Und was stand neben der Brücke? An der Landstraße? Eine Tankstelle. Und was gab es in der Tankstelle?

Bier. Bingo!

Wir kauften jeder fünf Dosen und verstauten sie in dem Kanu.

Ich kann berichten, dass der zweite Abend anders ausfiel als der erste. Während die Mädchen am Feuer saßen und Schattenspiele mit ihren Fingern einstudierten (Frosch, Hase, Eule), trank Rick ein Bier. Plötzlich lobte er den Biwakplatz, den ich gefunden hatte. Was war da los? Nur wenige Schlückchen später betonte er, wie großartig es sei, hier draußen mit mir zu kampieren.

Hä?

Rick trank ein zweites Bier. Nun begann er, eine alte, melancholische Weise zu summen. Wenn man ihn gelassen hätte, erklärte er, hätte er sein Leben komplett hier draußen, am Feuer, verbracht. Na, darauf konnten wir uns verständigen!

Die Mädchen gingen in ihre Zelte und spielten Geister. Unter buhenden Lauten beulten Elfenarme und Trollbeine die Zeltplanen aus.

Nach seinem dritten Bier legte mir Rick einen Arm auf die Schulter und trank auf unsere Freundschaft. Völlig perplex stieß ich mit ihm an. Aber was war nun aus dem Gebot der Kontaktlosigkeit geworden? Dem Diktat der Emotionslosigkeit? Der Kultur der Distanz?

Nach drei Bier war ein Landvater offenbar in dem Zustand, in dem sich ein Stadtvater nüchtern befand. Falls diese Regel stimmte, würde Rick in Kürze über seine Beziehung klagen. Trafen sich in Berlin zwei Väter, klagten sie binnen einer Minute über ihre Beziehungen. (»Wie, du musst jede Windel einzeln rausbringen?!«)

Ich war gespannt, unter welchem feministischen Knebel Mariann ihn so hielt.

Doch ich irrte mich. Denn nach dem vierten Bier schlief Rick einfach ein.

Bei unserer Rückkehr waren wir vor allem eines: müde. Aber es hatte wirklich Spaß gemacht. Ich nahm an, dass unsere Freundschaft durch das Kanufahren (oder das Biertrinken) eine neue Stufe erreicht hatte. Doch weit gefehlt. Denn beim nächsten Treffen war Rick wieder nüchtern. Er sagte: »Hallo.« Dann sagte er nichts mehr. Ob wir noch befreundet waren, war absolut unklar.

Erst spät begriff ich: Rick gab es zweifach. Einmal korrekt und höflich und nüchtern. Und einmal herzlich und nett und betrunken. Ich muss gestehen, dass mir der betrunkene Rick weitaus besser gefiel.

Seither sorge ich beim Treffen mit einem Landvater immer dafür, dass er mir ein bis zwei Bier voraus hat. Ich nenne es den »Landvatergefühlsausgleich«.

Aber wie passte das nun alles zusammen?

Mariann hatte mit dem, was ich unter einer »Landmutter« verstanden hatte, nichts zu tun. Rick wiederum erfüllte die Vollversion des »Landvaters«.

Was war da los?

Ich grübelte. Ich grübelte noch ein wenig. Dann tat sich eine Erklärung auf. Offenbar ging es nicht um Stadt oder Land, sondern um Mann oder Frau!

Es gibt ja Männer, die hassen den Feminismus. Und dann gibt es welche, die sagen, er sei das Beste, was den Männern passiert wäre. Erst mit dem Feminismus, sagen diese Männer, hätten sie ihre emotionale Bunkermentalität aufgeben gelernt. Ohne Feminismus seien sie noch immer der Auffassung, eine Gefühlsäußerung sei gefährlich, eine Umarmung weibisch und Kickern ein Gespräch.

In diesem Sinne wünschte ich Rick, der eine schwere Bürde unter seinem Dasein als Mann zu tragen hatte, eine ordentliche Portion Feminismus.

Vielleicht konnten wir ja sogar – so viel städtische Synthese sei gestattet – beide voneinander lernen? Ich, dass man sich auch mal einen Gedanken weniger machen konnte. Dass Hinterfragen und Relativieren und Problematisieren auch nicht immer zum Ziel führten. Dass hin und wieder sogar eine richtiggehende Tat erlaubt, wenn nicht gar nötig war.

Und er, dass es nicht gefährlich war und nicht wehtat, dieses fremdartige Etwas namens Gefühl.

AN DER
BUSHALTESTELLE III

Glaubst du, er kommt noch?«, fragte Sophie.
»Ich weiß es nicht.«

»Ist auch nicht so wichtig. Wir können ja wieder ein Wettrennen machen!«

»Na ja, etwas Milch könnten wir schon gebrauchen, aus der Stadt.«

»In Berlin gab's immer alles unten im Haus.«

»Ja, im Spätkauf. Denkst du noch viel an Berlin?«

»Nein, gar nicht. Komisch, oder?«

»Aber warum?«

»Na, als wär ich gar nicht da gewesen –«

»Ingala vermisst du auch nicht?«

»Na ja, wenn sie mal kommt, freu ich mich.«

»Und wenn sie nicht kommt, ist es auch okay?«

»Genau. Ist das böse von mir?«

»Aber nein, Schatz. Es zeigt doch nur, dass es dir gut geht hier. Im Grunde gibt es ja zwei Sorten von Menschen –«

»Nur zwei?«

»Nein, natürlich viele. Aber für das, was ich sagen wollte, gibt es zwei Gruppen. Die einen haben lange an einem Ort gelebt und wollen nie von ihm weg. Und wenn sie doch mal weggehen, wollen sie ganz schnell wieder zurück.«

»Und die anderen haben so einen Ort nicht?«

»Doch, im Gegenteil. Die anderen haben viele dieser Orte. Wenn sie in einer neuen Stadt sind, wird sie ihnen auch gleich wieder zu einem Ort, an dem sie gern sind. Sie können überall glücklich sein.«

»Und was ist besser?«

»Das kann man so nicht sagen. Es hat mit dem Charakter der Leute zu tun. Wie sie sind.«

»Und wie bin ich?«

»Ich liebe dich, wie du bist, Süße, das weißt du doch.«

»Aber wenn ich lieber nach Berlin zurückwollte, würdest du mich weniger lieben?«

»Auf keinen Fall.«

»Dann kann ich machen, was ich will, und du hast mich immer noch lieb?«

»So ist das, wenn man ein Kind hat.«

»Dann brauch ich auch nicht mehr zur Schule?«

»Um lieb gehabt zu werden? Nein. Aber ich würde trotzdem hingehen.«

»Warum?«

»Na, weil du sonst den ganzen Tag deinen Papa ertragen müsstest!«

»Oh Gott!«

»Siehst du –«

»War nur 'n Witz, Papa. Du weißt schon, dass ich dich auch ganz doll lieb hab?«

»Willst du noch sitzen bleiben, oder wollen wir wieder nach Hause? Ich glaub, es kommt keiner mehr.«

»Wir können auch sitzen bleiben. Ist schön hier mit dir.«

DAS INSEKTENHAUS

Und dann, im Spätsommer, kamen die Mücken! Kriebelmücken und Bremsen, Schnaken und Gnitzen. Sobald die Sonne ihren Zenit erreichte, begann es in Sträuchern und Hecken zu surren. Die Mücken liebten die Nähe zur Oder, das gestaute Wasser in den Gräben und Poldern – und uns.

Ich hätte auf Fontane hören sollen, der ein paar Jährchen vor mir sein Glück in Brandenburg suchte. Schon er hatte eine Landschaft vorgefunden, »wo gift'ger Pesthauch zum Himmel aus stehenden Gewässern steigt, in deren Schlamm sich das Gewimmel vielbeinigen Gewürmes zeigt«.

Patsch – wieder ein blutiger Fleck auf dem Unterarm. Vor allem das süße Blut der Jugend schien zu schmecken: Sophie war an Armen und Beinen zu einer Art Johannisbeer-Streuselkuchen mutiert. Sie kratzte sich, wenn sie sprach. Wenn sie aß. Wenn sie schlief. In der Stadt wäre sie jedem Stich mit Kühlgel, Pflaster und schlechter Laune begegnet, hier ignorierte sie ihn. Diese Gleichgültigkeit gegenüber dem Stechfeind hatte sie sich bei ihrer Freundin Annelie abgeschaut. Auch deren Haut war gerötet und mit Pusteln übersät.

»Was ist denn mit dir passiert?«, fragte ich, als ich Annelie das erste Mal so sah.

»Wieso«, sagte sie, »ist halt Spätsommer.«

»Soll das heißen, man sieht hier jedes Jahr so aus?«

»Im Spätsommer, ja.«

Dann kratzte sie sich so energisch wie beiläufig und ging mit Sophie schaukeln.

Sssssss –

Ein neuer Schwarm Pferdebremsen hob sich aus den frisch gepflanzten Himbeersträuchern. So dicht, dass sie zu einer grauen Wolke verschmolzen, die sich auf den Birnbaum zubewegte. Und damit auch auf Sophie.

Ich war nicht Landvater genug, um das zuzulassen. Sofort radelte ich in den Baumarkt, um ein Insektennetz zu kaufen. Als ich zurückkehrte, schaukelten die beiden Mädchen noch immer. Inmitten der Pferdebremsen! Formschön spannte ich das neue Insektennetz über einen ausladenden Ast des Birnbaums. Es sah sehr romantisch aus. Sehr nach Landlust. Wogende Gaze in Spätsommerluft. Rotbackige Kinder darunter. Problem gelöst.

Entspannt betrachtete ich mein Werk und schlug eine blutsaugende Stechmücke auf meiner Stirn tot. Schmierte mir das Blut in Landvatermanier kommentarlos an die Jeans.

»Dit kann doch nich wahr sein!«

Mein märkischer Nachbar. Fassungslos betrachtete er das Mückennetz, unter dem seine Enkelin saß.

»Ick weeß ja, du stehst uff Tisch im Kornfeld mit Käffchen druff, aber ditte, dit is nich mehr lustig. Dit jeht zu weit. Dit is meene Enkelin, du Flitzpiepe!«

»Ja, eben. Sie ist völlig zerstochen!«

»Vajisset! Mit Pipapo und Firlefanz tuste die Mädels nüscht Jutet! Dit is wie ne Impfung mit die Gnitzen, is dit. Kiek dir ma mir an. Siehste wat? Na, Oogen ma janz weit uffjesperrt: Wat siehste uff mir?«

»Ähm, eigentlich nichts.«

»Nüscht. Janz jenau: nüscht! Weil ick jeimpft worden bin jejen die Plaje. Als kleener Bengel bin ick ooch wie so'n Streuselkuchen rumspaziert. Und wie ick erwachsen war, war ick immun jejen die Viecher!«

»Du willst sagen, da müssen sie durch?«

Er machte sich daran, das Mückenzelt wieder zusammenzurollen. Sofort hob sich eine dichte Wolke Gnitzen aus den Büschen und verschluckte die Mädchen. Da Annelie ihnen keine Beachtung schenkte, tat das auch Sophie nicht. Sie wedelten nicht, fluchten nicht. Sie kratzten sich nur beiläufig. Ließen saugen und plauderten weiter über irgendein geheimnisvolles Mädchending, das ich niemals verstehen würde.

Oh, süße Kindheit, du!

In der Nacht drehte sich etwas. Nicht nur in meiner Wahrnehmung auf das Mückenproblem, sondern auch im Wortsinne: Sophie wälzte sich hin und her. In ihrem Bett. Zu weinen begann sie aber erst, als sie eingeschlafen war. Ich war entsetzt. Was züchtete ich da heran? Ein Landkind, das sich tagsüber nicht zu weinen traute, nachts aber, wie ausgeknockt, die Tränen laufen ließ? So richtete man Soldaten ab, aber doch kein achtjähriges Kind!

Ich überlegte ernsthaft, zurück in die Stadt zu ziehen.

Am nächsten Tag verordnete ich Sophie Hausarrest. Zu ihrem eigenen Schutz. Aus dem Mückennetz baute ich ein Vorzelt, das ich vor der Haustür über dem Rasen aufspannte. So konnten wir doch ein wenig draußen sitzen. Immerhin war es noch Sommer! Um zum Hoftor zu gelangen, musste ich aber eine kleine Tür in das Vorzelt schneiden. Durch diese passten nicht nur Sophie und ich, sondern auch Hunderte Mücken.

Ich hatte eine neue Idee: Ich ließ das Wurfzelt aufschnappen und stellte es vor das Vorzelt. Es verfügte über zwei Türen und war damit als Schleuse perfekt geeignet! So brillant die Idee ersonnen war, so sehr scheiterte sie an der Umsetzung. Zum einen war die (geduldige) Postfrau mitsamt unserer Post wieder abgefahren, bevor wir es aus dem Haus (und dem Mückennetz) (und dem Wurfzelt) geschafft hatten. Zum anderen fand doch immer wieder ein Schwarm Bremsen ins Haus.

Die Abwehrmaßnahmen mussten verstärkt werden. Folglich blieben wir ganz im Haus. Je mehr Zeit wir drinnen verbrachten, umso mehr fielen uns die Käfer auf, die ebenfalls ins Haus geflohen waren. Hirschkäfer und Kellerasseln und Mistkäfer marschierten mit großem Ernst die Fußleisten ab, sammelten sich an Tischbeinen und knackten überraschend laut, wenn man versehentlich auf sie trat. Auch die Ameisenstraße, die durch das undichte Fenster zum Komposteimer führte, wurde jeden Tag länger.

Von den Zimmerdecken senkten sich derweil Spinnen und Weberknechte auf uns herab. Sophie nahm sie gelangweilt entgegen, umschloss sie mit der nackten Hand und gab sie in ihr Seziergas. Fragte ich Anka am Abendbrottisch, wie der Tag im Büro verlaufen war, fischte sie sich vorwurfsvoll einen Weberknecht oder eine kleine Kreuzspinne aus dem Haar und schnaubte sich eine Kriebelmücke von der Oberlippe, bevor sie antwortete.

Da der Biomüll in der Spätsommerwärme zu modern begann, ich ihn aber nicht mehr hinausbringen konnte, öffnete ich am nächsten Morgen das Fenster, um zu lüften. Großer Fehler! Seither surrte und sirrte, zischte und flirrte es auch in der Küche. Sophie und ich zogen uns in den Flur zurück. Dort war es angenehm kühl. Allerdings hatte der Flur kein Fenster. Unsere Aussicht in Berlin (auf die Mülltonnen im Hinterhof) war vergleichsweise inspirierend gewesen.

Was hatte man nun vom Land, wenn man nichts von ihm hatte? Ich wurde ein wenig traurig. Wo war denn die Landfreiheit hin? Das Ausprobieren, die Wildnis und Körperlichkeit, die Sophie hier draußen entdecken sollte? Müde kauten wir auf unserer Dosennahrung, da wir uns zum Einkaufen nicht mehr vor die Tür trauten. Und unser Gemüsebeet – ach, das war noch immer ein trauriges Thema.

Ich riss mich zusammen. Murren und maulen: Was war denn das für ein städtisches Verhalten? Ich überlegte, was ein Landvater an meiner Stelle gemacht hätte. Sich einmummeln und schmollen? Tür zu und Licht aus? Mitnichten. Ein Landvater würde sich so was nicht gefallen lassen. Ich haute auf den Esstisch, den wir mittlerweile im Flur aufgestellt hatten. Darauf befanden sich nur noch Knäckebrot, H-Milch und Margarine.

Ich stand auf und sagte: »Sophie, wir frühstücken ab heute wieder draußen!«

»Und die Mücken?«

»Bringen uns nicht um!«

Neue Lebenskraft durchfloss meine Adern. So musste sich Neil Armstrong gefühlt haben, nachdem er sein kleines Schrittchen als groß für die Menschheit eingeschätzt hatte. Oder Archimedes, als er »Heureka!« rufend durch Syrakus gehüpft war. Es war eine Mischung aus Befreiung, Kampfgeist und Selbstermächtigung.

Ich war Landvater! Es war Spätsommer! Natürlich frühstückten wir draußen!

Sofort riss ich das städtische Klimbim vor der Haustür nieder. Vorzelt und Wurfzelt, ich darf doch sehr bitten. Weg damit. Dann trug ich Margarine und Knäckebrot nach draußen.

Unser Frühstück gestaltete sich sehr – laut. Der Efeu hinter uns wurde offenbar gerade von zehntausend kleinen Beißwerkzeugen zersägt. Der Himmel darüber war nicht blau, sondern grau: einer geschlossenen Mückendecke wegen, die über uns hing und darauf wartete, sich auf uns zu senken. Auch unter uns, im Gras, zutschelten Blutrüsselchen und oszillierten filigrane Flügel.

Nach wenigen Sekunden hatte sich auf unseren Margarineknäckebroten eine geschlossene Schicht zuckender Insektenleiber eingefunden, die nicht mehr aus dem Fett fanden. Es hieß ja, man müsse sich nur überwinden. Dann seien Mücken durchaus gesund.

Es schellte am Hoftor. Mein märkischer Nachbar, natürlich. Aber was hatte er denn? Er wirkte beinahe – hektisch? Und was fabulierte er da?

»Haste jehört? Bis achtzig Bisse is normal und wir ham zwohundertsiebzig! Zwohundertsiebzig Bisse in eener Minute, wenn de den Arm rausstrecken tust. Dit is amtlich und vamessen, is dit. So schlimm war's seit der Trockenlegung nich mehr.«

»Seit was?«

»Seit der olle Fritz die Oder hier trockenjelegt hat. Davor war hier keen Dorf, sondern Wasser. So, rin mit uns, oder krieg ick keen Asyl?«

»Ähm, wir frühstücken eigentlich gerade. Kaffee?«

»Ihr wollt ma wohl vapiepen! Ihr schnabuliert in dem Wahnsinn ooch noch? Warum jeht ihr nich ins Haus?«

»So leicht lassen wir uns nicht unterkriegen!«, sagte ich.

»Darf ick ma wat sajen? Also, jetzt sach ick ma wat.«

Mei märkischer Nachbar setzte einen Schritt zurück und betrachtete mich wie eine sehr seltene, etwas unangenehme Echsenart.

»Dass de meschugge bist, und mit'm Klammerbeutel jepudert, okay. Dit wusst ick. Aber so schlimm? Dit is ja schon reif für die Klapper, is dit!«

SCHATZSUCHE IM REGEN

Der Wetterbericht verfinsterte sich täglich. Als ich die Girlanden kaufte, meldete wetter.de noch: heiter bis wolkig. Als ich die Schatzsuche vorbereitete, hieß es bereits: überwiegend wolkig. Sowie ich am Vorabend die Kuchen in den Ofen schob, hatten wir bereits eine Regenwahrscheinlichkeit von fünfundvierzig Prozent. Der Wert stieg am nächsten Vormittag auf fünfundsiebzig.

Ich ahnte, was das hieß. Acht kleine, schlecht gelaunte Königskinder, die nach neuen Socken betteln, über kalte Jacken und nasse Hosen lamentieren würden, während sie auf die Uhr sahen, wann sie endlich wieder abgeholt würden.

Dieses Märchen, das ahnte ich, würde böse ausgehen.

Zumal ich Sophies Geburtstagsfest in Stadtvater-Manier ausrichtete: als Elementarteilchen, also allein. Anka war völlig verzweifelt, sie hatte den Nachmittag nicht freibekommen. Omas und Opas gab es nicht oder nur in sechs Stunden Zugfahrt Entfernung. Doch nicht nur, dass die spärlichen Familienmitglieder in ihrer Abwesenheit keine Hilfe waren, sie hielten mich auch noch fortwährend von der Vorbereitung ab. Mit Anrufen, Nachrichten, Blumengrüßen. Sie wollten eben Anteil haben, wenn sie schon nicht dabei sein konnten.

Früher stellte man sich dem Leben ja als Familie. Großeltern betreuten Enkelkinder, später dann betreuten Enkelkinder die Großeltern. So naheliegend dieses Modell auf den ersten Blick erscheinen mag, so wenig war es seit einigen Jahrzehnten en vogue. Zu wohnen, wo man aufgewachsen war – oder gar als Großfamilie zusammenzubleiben –, das galt auf einmal als konservativ, als rückständig. Dieses Modell auch nur in Erinnerung zu rufen, war geradewegs reaktionär! Offenbar war uns allen lieber nach Stress.

Davon hatte ich dann auch genug. Denn ein Kindergeburtstag durfte keinesfalls nur aus Kuchen und Kindern bestehen. Ein Kindergeburtstag war mit einem Fahrradanhänger Süßigkeiten, mit Waffelbacken, gefolgt von Grillen, gefolgt von Kuchenessen, mit Trampolinspringen, Gartendusche, Hüpfballparcours sowie einer ausgeklügelten Schatzsuche zu garnieren. Ein Zauberer, eine Fahrt in den nächstgelegenen Freizeitpark oder ein Clown zum Tagessatz von fünfhundert Euro (plus Mehrwertsteuer) waren ebenfalls gern gesehen. In Berlin war Sophie oft genug auf solchen Kindergeburtstagen eingeladen gewesen. Angesichts des Wetters hatte ich derlei Höhepunkte allesamt gestrichen. »Sophie« und »öder Geburtstag« – das würde in den Köpfen ihrer kleinen Freundinnen für immer zusammengehen. (Jungen hatte sie selbstredend keine eingeladen, sie war zum Landmädchen geworden!)

Als das erste Kind kam, Jasmin, begann es zu regnen. Und zwar richtig. Schon bald ergossen sich kleine Sturzbäche von Schuppen und Vordach. Es pladderte auf acht Kindergedecke (Herzen auf weißem Grund), auf Luftschlangen und Girlanden, auf die Schatzrolle für die Schatzsuche, auf den Kuchentisch und auf die Glückwunschkarten.

»Mannomann. Ihr sauft ja hier richtig ab!« Das war der Satz, mit dem Sophies Geburtstag eröffnet wurde. Nicht mit einem Glückwunsch.

»Willst du Jasmin gleich wieder mitnehmen?«, fragte ich Rick.

»Warum? Ist doch nur Wasser!«

Er stellte Jasmin irgendwo ab, ihr Anorak war von dem kurzen Gang durch den Hof bereits durchweicht.

»Ihr seht mir denn wieder zu fünfe. Ick sach's ma so: Viel Spaß noch!«

Und weg war er. Stehen bleiben ging ja auch nicht bei dem Regen.

Ich räumte Stühle, Tische und Gedecke in den Schuppen.

Wenig später hatten sich acht kleine Mädchen eingefunden, die schweigsam aus dem Schuppen heraus den Regen beobachteten. Sophie stand einsam und nass am Rand, an eine baufällige Schuppenwand gelehnt, und machte dieses Gesicht, das sie immer machte, wenn sie in Kürze zu weinen begann.

Ein kleines, nasses Wesen stupste mich an. Sein Gesicht war weitgehend unter einem nassen Haarteppich versteckt.

»Können wir nicht raus, in den Garten?«

»Ähm – es regnet.«

»Hier drinnen doch auch!«

Das Wesen wies auf das tropfende Schuppendach. Guter Versuch. Aber ich war ja nicht neu in der Erziehungsbranche. Landvater war ich zwar erst seit einigen Wochen, Vater aber schon im neunten Jahr. Wenn ich die Kinder jetzt in den Regen ließe, würden sie zwei Minuten Spaß haben – und dann den Rest des Tages mit den Zähnen klappern und jammern und frieren.

»Ich hol euch erst mal was Trockenes zum Anziehen«, sagte ich. »Wer braucht eine neue Hose?«

Niemand meldete sich.

»Neue Socken? Schuhe?«

Wieder meldete sich niemand.

»Ähm, Sie –«

Ein kleines Mädchen – es unterbot die anderen Kinder nochmals um einen ganzen Kopf – sprach mich etwas ungelenk an.

»Wir brauchen keine Socken. Wir wollen im Regen spielen!«

»Wirklich? Wer denn alles?«

Sieben junge Finger reckten sich in die Höhe.

Nur der meiner Tochter nicht.

»Okay, warten wir, ob es besser wird«, sagte ich. »Und solange essen wir Kuchen.«

Sowohl der Marmorkuchen, als auch die Himbeertorte hatten im Regen an Höhe eingebüßt. Dafür waren sie in die Breite gegangen.

»Ist das Pudding?«, fragte ein etwas pummeliges Mädchen, das entweder Lina, Lisa, oder Linda hieß. Doch während Berliner Kinder einen wässrigen Brei keinesfalls angerührt hätten, aßen ihn die Landkinder anstandslos auf. Sie baten lediglich anstelle der Kuchengabeln um Löffel.

Ich beschloss, trotz Regen ein Feuer zu machen. Ein Feuer würde die Laune heben und wärmen. Ich nahm einen Anzünder aus wachsgetränkten Holzspänen und zündete ihn an. Doch es regnete zu stark. Ich überlistete den Regen, indem ich den Anzünder im Schuppen entfachte und erst dann auf die Feuerstelle legte. Da, ein Flämmchen!

»Können wir dann auch raus?«, rief Annelie aus dem Schuppen.

»Ähm – Moment!«

Das Flämmchen war im Regen wieder erloschen. Ich suchte die Flasche Reinigungsalkohol, während acht Mädchen sich an meine Beine hefteten, um zu fragen, wann denn nun endlich die Schatzsuche losgehe. Eine dichte Qualmwolke zog derweil von der Feuerstelle in den Schuppen. Nur weil das Feuer nicht brannte, hieß das nicht, dass es nicht qualmte –

Niemand hustete. Niemand beschwerte sich. Die Mädchen schwiegen schon wieder. Und sahen mich etwas – mitleidig an.

»Hast du das gesucht?«

Annelies Stimme war anzuhören, wie sehr sie genoss, dass sie zwei Jahre älter als die anderen Mädchen war. Sie reichte mir den Reinigungsalkohol.

Ich wagte mich in den Regenguss, tränkte ein Scheit mit dem Alkohol und warf es in eine nasse Ecke der Feuerstelle. Erst tat sich nichts. Dann loderte eine riesige Stichflamme auf. Der Qualm wurde dadurch nicht weniger. Er sammelte sich zu einem tief stehenden Teppich über dem Hof. Im Schuppen schnitt ich die Würstchen aus den Packungen und legte den Grillkäse in kleine Pfannen. Als ich zurückkam, standen die Pfännchen voll Wasser. Und das Feuer war schon wieder erloschen.

»Okay, neuer Plan, wir packen jetzt erst mal die Geschenke aus!«, rief ich.

»Die hat der Regen schon ausgepackt«, sagte Sophie.

Sie wischte nasse Papierfetzen von den Geschenken. Zum Vorschein kamen ein Kartenspiel, ein Buch, ein Malblock mit Stiften. Aufkleber. Die Auswahl der Geschenke freute mich sehr. Sophies Mundwinkel aber verrieten, dass das einzige Geschenk, das ihr Freude bereitet hätte, nicht dabei gewesen war: Sonnenschein.

Ich beglückwünschte mich, keine Berliner Kinder eingeladen zu haben. Sonst wäre die Geschenkmasse in etwa wie folgt ausgefallen: eine Kinderstaffelei samt Ölfarben, sieben Sommerkleider mit Wende-Pailletten, eine Holzkiste, die sang, wenn man sie aufklappte, Echt-Bütten-Ingres-Papier plus Pastellfarbkasten, ein Gesellschaftsspiel, ein Katzenhaus, zwei Seifenblasenmacher, der Holzbausatz einer Steinschleuder von Leonardo da Vinci, ein chemischer Experimentierbaukasten. Eine Taucherbrille für den Baggersee. Ah, und noch schnell ein 3-D-Puzzle des Schiefen Turms von Pisa. (Ein herkömmliches Puzzle traute sich ja niemand mehr zu schenken.) In Berlin waren die Bausätze und Spiele, die Computer-Gadgets und Experimentiersets meist so kompliziert, dass sie sich nach dem Geburtstag nicht im Kinderzimmer, sondern auf dem Küchentisch wiederfanden: Dann mussten die Väter ran.

»Es brennt! Endlich! Es brennt! Du hättest das viel lockerer schichten müssen«, rief Annelie von der Feuerstelle herüber. »Sonst zieht das nicht bei dem Regen!«

Die Mädchen waren begeistert. Sie sprangen ums Feuer und wärmten sich die Hände an den Flammen. Ich spürte, dass der Tiefpunkt durchschritten war, und legte die Würstchen auf den Grill. In dem Moment fegte ein derart heftiger Windstoß durch den Hof, dass er das Feuer nicht etwa anfachte, sondern ausblies.

Ich gab auf und briet die Würstchen in der Küche. Währenddessen richtete ich die obligaten Geschenktütchen. Die Menge der eingehenden Geschenke und die Menge der am Schluss einer Geburtstagsfeier ausgehenden Geschenke hatten seit einigen Jahren in ausgewogenem Verhältnis zu stehen. (Offenbar bereitete es zunehmend Schwierigkeiten, einem Geschenk nicht mit einem sofortigen Kontergeschenk zu begegnen.) Wie auch immer, natürlich hielt ich mich auch an diese Regel. Als ich eine Viertelstunde später mit gegartem Fleisch und erhitzten Halloumischeiben in den Hof trat, standen acht schweigsame Mädchen um das erloschene Feuer und ließen sich einregnen.

»Habt ihr Spaß?«, fragte ich.

Die Mädchen nickten.

In Berlin wären zu diesem Zeitpunkt schon drei Wäschegarnituren verschlissen worden. Die Hälfte der Kinder hätte sich längst abholen lassen. Die andere würde theatralisch in der Ecke stehen und zittern. Doch hier? Wortlos standen die Landkinder im Regen.

»Was ist denn das Weiße, Wabbelige?«, fragte ein Mädchen.

»Das ist Halloumi«, erklärte Jasmin. »Das essen die immer, bei Sophie.«

»Und wozu ist das gut?«

»Wenn man Würstchenallergie hat«, gab Jasmin ihr neues Wissen weiter.

»Ach so«, sagte das Mädchen.

Auf einmal änderte sich draußen das Licht. Es wurde um Nuancen heller. Ich sah meine letzte Chance und rief zur Schatzsuche. Erstmals kam so etwas wie Aufregung auf. Eine Schatzsuche im Regen, das war selbst für ein Landkind zu viel, um in seinem gewohnt stoischen Modus zu verharren.

Auch eine Schatzsuche hatte ihre Tücken. Wehe dem Vater, der die Rätsel so kompliziert ersann, dass die Gäste vor ihnen kapitulierten. Muffige, frustrierte Kinder und ein zur Gänze gescheiterter Tag waren die Folge. Die Aufgaben zu einfach zu gestalten, stellte indes auch keine Option dar. Sonst folgte kindlich-überhebliches Gelächter, man sei doch kein Baby mehr.

Da es sich um Landkinder handelte, hatte ich ein Rätsel ersonnen, für welches die Bäume und Blumen zu benennen waren, die neben der jeweiligen Station wuchsen: Schafgarbe. Katzenpfötchen. Natternkopf. Doch es stellte sich heraus: Allein Sophie kannte die Namen. Nicht aus der Natur, sondern aus ihren Naturführern aus der Stadt. Die Mädchen, die wirklich in der Natur aufgewachsen waren, sagten zu allem nur: Busch, Blume oder Baum. (Selbst Annelie, die bei Sophies Angelversuch immerhin eine Rotfeder erkannt hatte, war keine größere Hilfe.)

Entsprechend schleppend ging die Schatzsuche voran. Zumal es wieder zu regnen begonnen hatte. Von den Rätseln war an den meisten Stationen nichts mehr übrig geblieben als ein nasser Papierklumpen. Zum Glück hatte ich auch noch einige Pfeile aus Ästen gelegt. Die Schatzsuche geriet zu einer schweigsamen Kinderkarawane durch dichten Regen.

Wir ließen den Quatsch mit den Rätseln dann ganz aus. Auch die Pfeile waren in den Bächen, zu denen sich das Wasser auf den Feldwegen staute, zunehmend verrutscht. Also ging ich einfach voran. Und meine Jüngerinnen folgten mir. Als sie den Schatz (in einem Jägerhochsitz) öffneten, war auch er voll Wasser gelaufen. Darin schwamm ein Brei aus aufgelösten Brausetütchen, Schokoladenpapieren und Papierbausätzen.

»Oh«, sagten die Mädchen.

Dann gingen wir wieder zurück.

Und nun?

Das sollte es gewesen sein? Fehlte da nicht noch irgendwas? Richtig, die Geschenktütchen.

Noch während der Übergabe saugten sie sich mit Regenwasser voll und zerfielen zu Pappmaschee. Als habe jemand acht Knallbonbons geöffnet, fielen Krokodil-Spitzer und Ronja-Räubertochter-Notizblöcke und Gummischnecken in den Schlamm.

Als Nächstes waren acht neunjährige Mädchen dabei zu beobachten, wie sie durch den Matsch robbten, um ihre Schätze einzusammeln. Socken und Treterchen färbten sich schlammfarben, blonde Haare bekamen braune Strähnen, auch Anoraks und Hosen überzog eine braune, wässrige Schicht Schlamm.

Aber was war das? Die Kinder lachten! Sie jauchzten und prusteten! Schrien und riefen!

Sie! Hatten! Spaß!

Und so kriegt Sophie bis heute zu hören, was für ein toller Geburtstag das gewesen sei: »Weißte noch, bei dir inner Eierpampe? Meine Mama musste den ganzen Abend meine Kleider waschen!«

Meine Mama. Nicht etwa: mein Papa.

Wie neidisch ich da war!

DIE JUGENDWEIHE

Unsere soziale Integration machte Fortschritte. An einem Samstag im September waren wir bei Mariann und Rick zur Jugendweihe eingeladen. (Jugendweihe im September: Dass daran etwas nicht stimmte, wussten wir zu diesem Zeitpunkt noch nicht …) Wir waren sehr aufgeregt. Endlich würden wir einen authentischen, regionalen Haushalt von innen begutachten können. Bislang kannten wir nur den Garten. Welche Möbel hatte man hier? Wie sähe eine waschechte Landküche aus? Und vor allem: Wie feierte man hier draußen so ein Familienfest? Mit Weißwein? Oder eher mit Bier? Musik von Peter Fox? Oder eher von Mark Forster?

Letztlich wussten wir nicht recht, was so eine Jugendweihe überhaupt war. Irgendwie kirchlich? Oder gerade nicht? Vielleicht doch eher ein Grillfest? Anka und ich stammten aus einem sogenannten katholischen Bundesland. Damit bezeichnete mein märkischer Nachbar diejenigen (westlichen) Bundesländer, in denen all das wurzelte, was ihm nicht passte: Überpünktlichkeit. Strebsamkeit. Verklemmtheit. Bigotterie.

»Ick sach's ma so«, hatte mein märkischer Nachbar gesagt, als ich ihn bei meinem Einzug fragte, ob wir trotz andauernder Trockenheit ein kleines Grillfeuerchen machen dürften: »Wir sind ja keen katholischet Bundesland!«

Eine Variante dieses Dialogs verlief wie folgt:

»Wie ist denn das hier bei euch?«, fragte ich etwa. »Darf man mittags eigentlich Rasen mähen?«

»Wer so ne Fraje ooch nur stellen tut, der kommt wohl ooch aus nem katholischen Bundesland!«

»Das heißt ja?«

»Mann, du Dödel. Schleif ma an deine Schieleisen. Oder siehste hier wen beten?«

Meine Biografie war also gleich doppelt geschändet. Zum einen kam ich aus Berlin. Und zum anderen aus einem katholischen Bundesland. (Wobei der Hass auf Berlin hauptsächlich dadurch zustande kam, dass Berlin mehr als fünftausend Einwohner hatte. Das erschien auf dem Land ziemlich verdächtig.)

Was uns aber weder in Berlin noch im Süden untergekommen war: diese Jugendweihe. Was schenkte man da? Alkohol? Konzertkarten? Mofa? Was änderte sich mit vierzehn? Mir fiel nichts ein. Jugendweihe: Weihte die Jugend da irgendwas ein? Oder wurde sie eingeweiht? Durch wen? In was? Ich kam nicht weiter. Aber es schien irgendwas mit Erwachsenwerden zu tun zu haben. Mit Wachsen. Aufgehen. Keimen.

Ich saß unterm Birnbaum und grübelte.

Hinter mir der Stamm, über mir die Äste: Na, bitte, ein Bäumchen! Einen kleinen Setzling aus der Baumschule könnten wir schenken!

Wunderbare Idee. Sofort unterrichtete ich meine geliebte Familie.

»Wir werden Fanny einen Birnbaum schenken.«

»Warum keinen Apfelbaum?«, wollte Sophie sofort wissen.

»Apfel? Birne? Wie langweilig«, sagte Anka. »Ich wär für eine Quitte.«

»Auf keinen Fall«, rief Sophie entsetzt.

»Wer mag schon Quitten?«, sagte ich.

»Also mit Apfel, Birne, Kirsche brauchen wir da gar nicht aufschlagen«, sagte Anka. »Das haben die doch schon alles auf dem Land.«

Hatte ja keinen Sinn. Solche Diskussionen führte ich schon lange nicht mehr. Kauften wir eben eine Quitte.

Der große Tag des Landfestes näherte sich. Neue Fragen kamen auf. Wie lange dauerte so eine Jugendweihe? Was zog man an? Aus Sophie waren keine weiteren Details herauszubekommen.

»Jasmin hat nur gesagt, wir sollen auch kommen«, sagte sie.

»Bist du dir sicher, dass Mariann und Rick uns überhaupt eingeladen haben?«

»Glaub schon.«

»Ähm, und wann?«, gierte ich nach neuer Information.

»Ach ja, um drei oder um fünf oder so.«

Konzentriert wickelte Sophie die Quitte in regenbogenfarbenes Krepppapier. (Mit einfarbig schwarzem war ich nicht durchgekommen, das sähe zu trist für eine Kinderfeier aus.)

Kinderfeier.

Damit hatte Anka letztlich recht. Eine Vierzehnjährige war alles in allem eben noch: ein Kind. Eine Art Geburtstagsfeier mit Lagerfeuer – das würde diese Jugendweihe wohl sein. Schwang da nicht auch etwas Germanisch-Kultisches mit? Irgendwas mit Aufblühen und Tanz und Draußensein? Als Städter sollte man da nicht zu förmlich auftreten. (War man zu »schnieke«, wurde man nur zum »Fatzke«!)

Am besten ging ich einfach, wie ich war. Kurze Jeans. Cowboyhut gegen die Sonne. Fertig. Der Fleck auf der Krempe stammte von einem Star, der sich an unseren Holunderbeeren überfressen hatte. Seit der Beerenreife waren nicht nur die Hutkrempe, sondern auch die Hauswand und der Gartentisch blau-schwarz gesprenkelt. Herauswaschen ließ sich das nicht.

Bevor wir zur Feier aufbrachen, integrierte ich den Fleck auf der Krempe in ein kleines Kunstwerk, indem ich mit Filzstift einige Weinreben auf dem Hut auftrug.

Na, bitte. Ein Winzerhut!

Sophie trug eine Sportjacke in interessanter Farbgebung. Die Jacke sah aus, als sei eine exotische Frucht darauf explodiert. Anka wiederum meinte, es würde am Abend kalt werden, und hatte den raupenartigen, leichten Mantel mit den Farbsprenkeln vom Renovieren angezogen.

Für den Fall, dass Sophies erste Uhrzeitangabe stimmen sollte, trafen wir Punkt fünfzehn Uhr bei Mariann und Rick ein. Vor ihrem Haus war die Straße zugeparkt. SUVs. Wohnmobile. Kombis. Wir zwängten uns an den Stoßstangen vorbei. Viele Wagen hatten ortsfremde Nummernschilder, einige stammten gar aus dem »joldenen Westen«. Das gab mir zu denken.

Kennzeichen, die nicht mit »MOL« für »Märkisch-Oderland« begannen, führten im Normalfall zu einem Auflauf neugieriger Kinder sowie dem sofortigen Einschreiten der Polizei. Nicht dass man sich da einen Ortsfremden eingehandelt hatte! Ein Ortsfremder: Was wollte der hier? Und wie bekam man den wieder los?

Auch die schiere Anzahl der Wagen überraschte mich. Für ein Grillfest?

Im nächsten Moment flüsterte Sophie:

»Guckt mal, eine Braut!«

Sie wies auf einen Mercedes-SUV mit westdeutschem Kennzeichen (Main-Taunus-Kreis), aus dem gerade eine elegante, nicht mehr ganz junge Frau stieg, die komplett in rosa Tüll gewickelt war. Ihre High Heels setzten anmutig auf dem märkischen Sand der Dorfstraße auf. Die Wagentür hielt derweil ein Mann, der einen Anzug trug. Und ein Hemd. Und eine Krawatte.

Anka und ich sahen uns irritiert an.

Ich linste über das Hoftor. Dahinter waren frisierte, gebügelte und augenscheinlich beduftete Menschen zu einem Spalier aufgereiht. Links die Männer in strengen Anzügen. Rechts die Frauen in knappen Abendkleidern.

»Hallo, Sophie! Schau mal, da ist Sophie!«

Jasmin rannte auf uns zu und fiel ihrer Schulfreundin um den Hals. Sie trug Lippenstift und Rouge auf den Wangen und steckte in einem strahlend weißen Kindertüllkleid. Rosa Ballerinas. Und da, was war das? Ein türkises Handtäschchen! Wir waren in Barbieland!

In dem Moment, in dem Jasmin unsere Tochter in den

Hof hineinzog und zusammen mit ihr das Spalier der Erwachsenen ablief, war klar, dass es auch für uns kein Zurück
gab.

Ich zupfte die Falten auf meinem muffigen T-Shirt glatt.
Überlegte, wie ich wenigstens den fleckigen Hut loswürde.
Anka befreite sich derweil mit hektischen Bewegungen aus
ihrem Malermantel, den sie in einem unbeobachteten Moment unter einem der parkenden Wagen verschwinden ließ.
Schockiert stellte ich fest, dass sie unter dem Mantel nur
eine Art Bustier trug.

»Komm, wir hauen ab«, flüsterte ich, doch da hatten uns
Rick und Mariann auch schon gesichtet. Anka strahlte ihnen tapfer entgegen.

Rick trug einen Dreireiher, in dem er sich bewegte, als
stünde er noch in der Anprobe. Mariann dagegen füllte
ihre Rolle der stolzen Mutter unter einem tüllumflorten
violetten Hutwunder, das ich bislang nur von britischen
Pferderennstrecken kannte, geschmeidig und ganz natürlich
aus.

An dieser Stelle ist eine Lanze für unsere beiden märkischen Landfreunde zu brechen. Was nun folgte, war entweder hochprofessionell. Oder zutiefst menschenfreund-
lich. Oder eine Mischung aus beidem. Jedenfalls zuckten
Ricks und Marianns Mundwinkel nur den Bruchteil einer
Sekunde, dann fingen sie sich. Unseren Aufzug kommen-
tierten sie mit keinem Wort.

»Herzlich willkommen. Schön, dass ihr da seid!«, sagten
sie und nahmen uns doch glatt in den Arm. Das war nicht
ganz einfach, da mir der unselige Quittenbaum in die Quere
kam, den ich noch immer mitschleppte. Am Hoftor sah ich,

wie andere Neuankömmlinge dicke Geldumschläge in eine Art Urne warfen. Auf den Umschlägen waren in Druckbuchstaben die Namen der Schenkenden vermerkt.

Wo man auch hinblickte, öffnete sich eine Handtasche, wurden Scheine entblößt, wurde ein Revers zur Seite gezogen, wurden Umschläge aus Mappen gezupft. Nicht wenige dieser Umschläge verharrten einige Sekunden über der Urne, bis Rick oder Mariann auch tatsächlich hinsahen und den neuen Umschlag mit einem wohlwollenden Nicken begrüßten.

Aber was machte ich jetzt mit dem Quittenbaum?

Ich merkte, wie Anka nach meiner freien Hand griff, während wir das Spalier abschritten. Sie lächelte tapfer. Inmitten der Abendkleider war ihre Bustier-Kreation mitnichten das freizügigste Kleid. Ich dagegen fühlte mich in meinen kurzen Jeans wie nackt.

»Und jetzt?«, flüsterte ich, nach links und rechts in die Reihen lächelnd.

»Wir schaffen das«, sagte sie, ebenso hierhin und dorthin lächelnd.

Dann sahen wir sie. Am Ende des Spaliers. Jasmins große Schwester Fanny. Sie thronte auf einer kleinen Empore auf einem vergoldeten Stuhl. Ihr Haar war zur aufwendigsten Frisur geföhnt, gekämmt, geflochten und geknotet, die ich je zu sehen bekommen hatte. Von der Stirn führten kleine Zöpfe zum Ohr, um sich dann oben auf ihrem Haupt zu einer Schnecke zu sammeln und in einer Art Dutt zu enden. In ihrer Nähe roch es nach Haarspray. Und dann das Kleid! Silberne Pailletten, die den sonnigen Septemberhimmel spiegelten. Weiße Strumpfhosen. Pumps.

»Ähm, wir –«, hob ich an.

»Herzlichen Glückwunsch!«, sagte Anka und strahlte Fanny aufrichtig an. »Du siehst toll aus!«

Ich beneidete sie. Als Frau konnte sie einer Vierzehnjährigen einfach sagen, wie toll sie aussah. Aber – herzlichen Glückwunsch? Sagte man das? Oder gab es irgendeine Beschwörung? Einen Segen? Eine Formel? Oder musste man einen bestimmten Programmpunkt abwarten, bevor man gratulierte? Eine Art Taufe? Brachte ein verfrühter Glückwunsch am Ende Pech?

»Vielen Dank für die Einladung«, sagte ich und stellte den Quittenbaum neben die Kinderpumps auf das Podest.

»Was ist denn das?«, fragte Fanny.

»Na, Apfel und Birne habt ihr ja sicher schon«, sagte ich.

»Ein Baum?«

»Ein Lebensbaum«, erklärte Anka. »Quitte. Sie wird mit dir zusammen erwachsen werden.«

»Das ist ja eine tolle Idee! Lieb von euch, wirklich. Vielen Dank!«

Ich war baff. Wie hatte Anka das nun wieder hinbekommen? Wie hatte sie aus dem falschen Geschenk das richtige gemacht? Und warum sah sie in ihrem Rock und ihrem Bustier auf einmal aus, als habe sie zuvor die Kleiderordnung studiert?

»Was ist denn mit deinem Hut passiert?«, wollte Fanny noch von mir wissen. Die nachkommenden Gäste schoben uns bereits nach vorne. Eine Antwort musste her!

»Ach, ich krieg so schnell einen Sonnenbrand!«

»Ja, aber die Flecken?«

»Das sind Weinreben!«

»Ach so«, sagte Fanny enttäuscht. Sie zeigte auf ihre Schulter. Darauf waren die vergeblichen Bemühungen erkennbar, in letzter Sekunde etwas Blaues aus dem rosa Stoff zu wischen. »Und ich dachte schon, nicht nur ich hätte Pech mit den Staren gehabt! Das Problem hätte es im Frühjahr wenigstens nicht gegeben!«

Im Folgenden lernten wir, dass es ziemlich eigenwillig war, im September Jugendweihe zu feiern. Doch als Fannys junge Freundinnen im Frühjahr ihren großen Tag gehabt hatten, mit Bürgermeisterempfang und öffentlicher Zeremonie, lag die arme Fanny mit Pfeifferschem Drüsenfieber im Bett. Auch das anschließende Familienfest hatten sie absagen müssen. In den Sommerferien wollte Fanny schwimmen, nicht nachfeiern. Und so feierten sie nun eben im Herbst – ohne Zeremonie.

Dann wurden wir weitergedrängt. Während Sophie mit Jasmin durch den Garten flitzte und Anka pro Minute drei neue Freunde fand, stand ich wie ein alter und unnützer, aber freundlich geduldeter Esel herum. Aus dem Augenwinkel sah ich, wie Rick bestens gelaunt seine Schwiegermutter begrüßte. Das gab mir erneut zu denken. Kein Berliner Vater, den ich kannte, begrüßte gut gelaunt seine Schwiegermutter. Wenn ein Berliner Vater ein solches Treffen überhaupt zuließ, quittierte er es mit hängenden Mundwinkeln.

Doch auch dieses Rätsel sollte ich im Laufe des Abends noch lösen. Wann immer Rick und Mariann aufeinandertrafen, steckten sie die Köpfe zusammen und tuschelten. Was sie dabei sagten, verstand ich erst, als es dunkel wurde und die ersten Liter Bier die Kehlen hinabgeflossen waren und ich zufällig einmal ganz in ihrer Nähe stand.

Mariann sagte zu Rick, wobei sie leicht an seinem Ohr zu knabbern schien: »Warte nur, bis sie alle weg sind. Dann feiern wir uns!«

NICHT WEITERSAGEN!

Ein Kilometer weiter westlich wäre alles in Ordnung gewesen. Oder einige Kilometer weiter östlich. So aber, direkt unter der Hangkante der Cranlower Höhen? Eine Katastrophe. Zumindest für Radfahrer. Die sich windende Bergstraße nannten sie »Dune«. Und die Geschichten, die sie im Dorf darüber erzählten, waren legendär.

»Damals als kleene Piepel hamwa da Seifenkistenrennen jemacht«, erklärte mein märkischer Nachbar. »Eener war im Anschluss denn immer wech.«

Kunstpause. Amüsierter Blick.

»Im Krankenhaus, du Dödel!«

Und nach den beiden Kreuzen am Straßenrand hatte ich mich noch gar nicht zu fragen getraut.

Fehlte uns etwa eine Schrippe oder ein Pfefferkorn, hieß es die »Dune« hochschnaufen. Kam ich zurück, war ich so erschöpft, dass die Schrippe sofort zur Stärkung herhalten musste. Ich konnte also sofort wieder aufbrechen. Oh, nicht an den Kaffee gedacht! Na dann noch mal die »Dune« hoch. Und wie lecker das Benzin und der Diesel rochen, wenn sich die Autos und Transporter vor einem den Berg hochkämpften! Es hatte etwas von der Bergetappe in Alpe d'Huez: Im Sitzen war die Steigung auf dem Rad nicht zu meistern. Also hievte ich mich Tag für Tag in den Stand.

Mein ursprünglicher Lösungsansatz (Busfahren) war leider gescheitert. Schon an einem normalen Werktag war eine solche Busfahrt eine logistische Herausforderung. Während der Schulferien hingegen schlicht unmöglich. So weit hatte ich das Bilderrätsel auf der Abfahrtstafel inzwischen auszulegen gelernt: An Tagen, an denen kein Unterricht stattfand, fuhr auch kein Bus. Gar nichts. Njet. Nüscht. Nietsche.

Alles in allem eine unbefriedigende Situation. Ich bin mir aber sicher, dass ich hart geblieben wäre. Wenn, ja wenn es bei diesem Stand der Dinge geblieben wäre. Unglücklicherweise eröffnete aber just in diesen Tagen in der Kreisstadt ein kleines Autohaus. Ich kann sagen: Der Autohausbetreiber hatte keine Mühen gescheut, um auf die Eröffnung aufmerksam zu machen. Flatterte mir beispielsweise der *Märkische Mittwoch* in den Briefkasten, stand quer über der ersten Seite: »Neueröffnung! Jahreswagen! Schnäppchen!«

Quälte ich mich mit dem Rad in die Stadt, um Milch zu kaufen, war nicht nur das Autohaus am Ortseingang, sondern auch die kleine Einkaufsstraße mit roten Luftballons in Autoform garniert. Ließ ich mich gar mit Kind blicken, wurde Sophie sofort auf eine Hüpfburg gezerrt und mit Schokolade, ebenfalls in Form kleiner Autos, überhäuft.

»Du weißt schon, dass das Werbung ist?«, sagte ich zu Sophie.

»Mh? Waff?« Ihr Mund troff nur so vor zerkauten Autos.

»Ich meine, sie machen das nicht, weil sie nett sind. Sie wollen, dass wir ihnen ein Auto abkaufen.«

»Aber da fallen wir doch nicht drauf rein, Papa, oder?«

»Aber Sophie. Wo denkst du hin!«

Zu meiner weiteren Verteidigung kann ich hinzufügen, dass die Werbephase des Autohauses wirklich lange andauerte. Ich bin mir sicher, dass ich eine einwöchige Werbeaktion kaltblütig überstanden hätte. Als Sophie aber nach drei Wochen immer noch bettelte, dass ich mit ihr zum Autohaus »hüpfen und Autos essen« radelte, wurde es hart. Sie hüpfte wirklich sehr gern auf dieser Hüpfburg. Und die kleinen Autos mundeten ihr vorzüglich. Und wie ausdauernd sie da ihre kleinen Kunststücke sprang!

Derweil konnte ich mir ja einmal ein kleines Autochen ansehen? Nur so aus Neugier, sagte ich mir. Ich näherte mich vorsichtig einem ausgestellten Exemplar in Rot. Erschrocken wich ich zurück. Huch? So billig! Nur dreitausend Euro! Ich war entsetzt. Ich hatte gehofft, dass ein Autokauf allein schon an der Finanzierung scheitern würde. Und überhaupt: Autokauf! Wovon faselte ich denn da? Ich war aufs Land gezogen, um Autos zu entkommen, nicht um Autos zu kaufen!

Ich wollte wild und frei leben, Rad fahren und zu Fuß gehen, ich wollte rennen und schwimmen und mein Gemüse selbst anbauen. Ich wollte mich dem Diktat des Kapitals entziehen und unabhängig werden, ein wenig verschroben von mir aus, dafür aber widerstandsfähig gegen alle diese Krisen, die da neuerdings drohten, selbstbestimmt und patent.

Aber ein Auto? Ich?

»Juten Tach, Zockow, mein Name, ick schließ Ihnen dit ma uff.«

»Ach, nicht nötig«, sagte ich.

»Nur ma rinnsitzen?«

»Nee, ich will gar kein Auto kaufen.«

»Müssense ja nich. Nur ma rinnsitzen.«

Er schloss den Wagen auf und schob mich rein. Mann, war das gemütlich. So hübsch gepolstert. Stank auch gar nicht. Weder nach Plastik noch nach Benzin, noch nach Zigarettenrauch vom Vorbesitzer. Ich stellte mir vor, wie ich mit diesem bequemen Gefährt die »Dune« hochdüsen würde, die Einkäufe praktisch auf der Rückbank verstaut.

Entsetzt wollte ich aussteigen! Nicht dass ich hier –

Doch zu spät. Herr Zockow saß bereits auf dem Beifahrersitz und reichte mir den Schlüssel.

»Kleene Spritztour?«

»Hören Sie, das ist ein Missverständnis«, sagte ich. »Ich will gar kein Auto kaufen.«

»Nee, klar, Sie sind hier nur wejen die Schokolade!«

Zockow lachte.

»Meine Tochter ist aber noch hier«, flehte ich.

»Na und? Kann se nich fünf Minuten alleene hüpfen?«

Er lachte noch ausgiebiger und klopfte mir auf die Schulter. Dann fuhren wir los. Dann! Fuhren! Wir! Los! Ich startete ein Auto! Stieß Kohlenmonoxid aus! Verursachte Reifenabrieb! Es war zum Heulen – ich tat alles, was meinen Überzeugungen zuwiderlief. Das Auto steuerte wie von allein zur »Dune«. Herr Zockow ließ ein wenig das Fenster herunter. Frische Morgenluft stieg in den Wagen. Die Felder lagen weit und abgeerntet vor mir. Ich flog mühelos über sie hinweg, die »Dune« schaffte ich in siebzehn Sekunden. Ich schwitzte nicht mal! Es machte so viel Spaß, dass ich wendete und sie gleich ein zweites Mal abfuhr.

Herr Zockow lächelte und lehnte sich zurück.

Als wir das Autohaus wieder erreichten, sah ich gerade noch, wie Sophie auf der Hüpfburg einen Salto schlug. Mir blieb das Herz stehen. Wenn sie auf dem Genick aufkäme! Ich sah schon das Blaulicht, hörte schon die Sirenen. Es war, als gefriere der Moment, den sie kopfüber verbrachte, auch wenn er tatsächlich nur einen Sekundenbruchteil gewährt haben mag.

Sie sollte das nicht tun! Das ist leichtsinnig! – Das waren die letzten Einwände, die mein altes Leben noch erhob. Dann landete Sophie sicher auf den Füßen, und die anderen Kinder klatschten ihr zu.

»Und?«, fragte Herr Zockow.

»Gekauft«, sagte ich.

Man musste ja nicht sein ganzes Leben auf der Zunge tragen.

Herr Zockow gratulierte mir zu meiner Entscheidung.

»Hier und hier noch Ihren Friedrich Wilhelm, wenn ick bitten darf, und dann isset Ihr's!«

Ich unterschrieb. Ich war wortkarg geworden. Ich kannte keine Angst. Wenn ich irgendwas nicht fand, dann ein Problem. Und nun fuhr ich sogar Auto. Nach nur einem Sommer war meine Adaption vollendet.

Ein Landvater hatte Sehnsucht nach Freiheit. Nach Einfachheit. Nach Schweigen am Feuer. Nach Draußensein. Das Verrückte, das ich hier draußen gelernt hatte: Diese Sehnsucht war nicht kitschig und nicht rückständig, wie es mir in Berlin erklärt worden war. Diese Sehnsucht war völlig normal und universell. Jeder Landvater hatte sie! Man durfte sie artikulieren, diese Sehnsucht! Man musste sich nicht schämen für sie! Und sie war auch keine Folge von Egoismus, im Gegenteil. Seit ich gelernt hatte zu sagen, wonach ich mich eigentlich sehnte, blieben Anka und mir – und damit auch Sophie – unzählige Streite erspart.

»Papa«, fragte mich Sophie neulich. »Warum bist du eigentlich auf einmal so gut gelaunt?«

»Ich glaube, Liebes, weil ich endlich zum Landvater geworden bin!«

DANK

Ich danke Ilka Heinemann und Alfio Furnari.

ENNO JANSSEN

DER INSELVOGT VON MEMMERT

Eine einsame Nordseeinsel, die Vögel und ich

Wer träumt nicht vom Leben auf einer einsamen Insel? Für Enno Janßen aus Ostfriesland ist das Alltag. Er ist der Inselvogt von Memmert, einem kleinen Nordsee-Eiland zwischen Borkum und Juist, wo er ganz alleine lebt und als Vogelwart arbeitet. In diesem Buch erzählt er von seinem so einsamen wie erfüllten Leben inmitten der Natur und seiner spannenden Arbeit in der faszinierenden Vogelwelt des Wattenmeers.

Ein Buch für alle Nordsee- und Vogelfreunde – und alle, die sich auf die einsame Insel wünschen.

DIANA UND PERCY JOHANNSEN
AUSSTEIGEN, EINSTEIGEN, LOS!

Eine Familie tauscht Hamsterrad gegen große Freiheit

Was brauchen wir wirklich?, fragt sich Familie Johannsen und wagt das, wovon viele Menschen bloß träumen, nämlich: kurzerhand alles hinzuschmeißen und dem lästigen Alltagstrott samt Hamsterrad an Verpflichtungen zu entfliehen. Diana und Percy Johannsen und ihre drei Kinder geben alles auf: Jobs, Freunde, Familie und sogar ihren festen Wohnsitz, um in ihrem ausgebauten Mercedes-Bus um die Welt zu reisen.
Ein alternatives Leben in absoluter Freiheit erwartet sie!

Die wahre Geschichte einer Familie, die sich von starren Normen und dem allgegenwärtigen Leistungsdruck befreit, um ein Leben zu führen, das zu ihnen passt. Eine abenteuerliche, inspirierende Suche nach persönlicher Freiheit und wahrer Erfüllung.